재미있게 풀어 쓴 고전시가 문학

재미있게 풀어 쓴 고전시가 문학

박광정 엮음

좋은날

책머리에

매우 방대하고 난해한 고전문학 작품을 현대인의 생활 속에 모두 끌어들여 연구하고 감상하기란 어렵고 힘든 일이다. 그렇다고, 조상들이 물려준 귀중한 유산을 도외시한다는 것은 자기의 정체와 뿌리를 전혀 모르면서 입으로만 훌륭한 가문임을 자랑하는 사람과 조금도 다를 것이 없다. 그럼으로 현대인들이 고전문학을 가까이 하려고 해도 몇 가지의 큰 장애 요인 때문에 쉽게 다가가지 못하고 있는 것이다. 그것은 한글이 창제되기 이전에 만들어진 작품은 한문과 이두 등으로 기술되었으며 그 이후라고 해도 한자어를 한글로 표기해 놓았기 때문이다.

설사 한글로 순수한 우리말을 표기한 경우라 해도, 고어(古語)에 대해 생소한 오늘날의 일반인들에게 있어서는 한문이나 한자어에 버금가는 어려움에 부딪히게 된다는 점이다.

그런 이유로 젊은 한글 전용세대와 고전으로부터 멀어진 일반인들에게, 우리 고전을 우리 국민 모두의 정서로 되살리기 위한 노력에 함께 해 주기를 바란다면 여간 모순된 일이 아닐 수 없다.

우리 국민이라면 최소한 우리 고전 문학이 어떤 체취를 풍기며 우리 조상들의 감정은 무엇이었으며 그들의 향기가 문학생활 속에 어떻게 녹아들었는가를 먼저 알고 난 다음 고전을 사랑하고 아끼게 되는 것이 순서라고 본다. 그러기 위해서는 난해하다는 고정관념이나 선입견을 깨고 고전을 누구나 쉽게 접할 수 있도록 안내하기 위해서 흥미롭고 즐거움을 발견케 하고 새로운 인식을 갖도록 해야 할 것이다.

그리하여 고전 문학작품 하나하나에 얽혀 있는 역사적 사실과 배경에 관한 자료를 광범위하게 수집, 접목시켜 이해를 돕고 흥미 유발의 극대화로 중 · 고등학생으로부터 대학생 그리고 일반 교양인들에 이르기까지 보다 많은 관심으로 고전과의 친근감을 갖도록 해야할 것이다.

다시 말해서 우리 고전문학을 지난 역사 속에 묻어두고 마치 표본실의 박제를 대하듯 메마른 시선으로 간과할 일이 아니다. 박제가 되기 이전의 삶을 더듬어 살펴보고 조상들의 아름다운 문학정신의 맥을 이어 가기 위해 우리 국민 모두가 노력할 일이다. 그것은 조상들의 숨결을 오늘날의 생활 한 가운데로 끌어들여 현대인들의 정서를 지배하는 생명체의 호흡으로 되살려 우리의 얼을 찾아 가야 할 과제가 우리 모두에게 있기 때문이다.

우리가 오솔길을 걸어 오를 때 헤매지 않고 즐거운 산책을 위해서 보다 좋은 이정표를 세워야 할 필요가 있듯, 이 책을 통하여 우리들의 고전문학관이 재인식되고 재조명되는 계기가 마련되고 아울러 고전에 대한 우리 모두의 관심과 애착이 깊이를 더욱 더 깊게 해 주는 훌륭한 길라잡이 역할에의 기대를 낙관하고 싶다.

1999년 1월

박 광 정

재미있게 풀어 쓴 고전시가 문학

■ 차 례

제1편 고대 시가(古代詩歌)와 향가(鄕歌)

1. 삼국 사람들의 사랑과 이별

공무도하가(公無渡河歌)

고조선 시대 때 뱃사공 곽리자고(藿里子高)가 강가에서 이른 아침에 배를 손보고 있을 때였다. 백발을 한 미친 늙은이가 머리를 풀어헤치고 술병을 낀 채 허둥거리며 강물로 뛰어들어 건너가고 있었다.

뒤이어 부인이 따라오며 저지하였지만 듣지 않고 계속 앞으로 나가더니 물결에 휩쓸려 죽고 말았다. 남편의 죽음을 속수무책으로 지켜볼 수밖에 없었던 부인은 마침 옆에 들고 있던 공후(箜篌)라는 현악기로 반주하며 애달프게 노래를 부른 다음 곧이어 남편의 뒤를 따라 강물에 몸을 던졌다.

하루아침에 일어난 뜻밖의 사건에 놀란 뱃사공은 그 길로 돌아 와서 아내 여옥(麗玉)에게 목격한 현장을 소상히 말하고 강물에 뛰어든 그녀의 마지막 노래를 들려주었다. 여옥은 사건의 내용과 남편이 들려준 노래를 (편곡해?)가지고 공후를 타며 「공무도하가」를 슬프게 불렀다.

그리고 이웃 친구 여용에게 이 노래를 가르쳐 주었는데 그후로 여러 사람의 입을 통하여 온 나라 안에 퍼져 애창되었으며 공후라는 악기에 맞춰 부른 노래라 하여 일명 「공후인(箜篌引)」이라고 하는 이름으로도 전해 온다.

公無渡河　(공무도하)
公竟渡河　(공경도하)
墮河河而死　(타하이사)
當奈公何　(당내공하)

— 백수광부의 아내

〔해 설〕

임이시여! 그 강을 건너가지 마소
임은 그예 말을 듣지 않으셨네
물결에 삼켜 사라지니
죽은 당신을 어찌하면 좋으리.

강물로 뛰어든 미친 늙은이의 행동은 지금으로 말하면 마치 주야로 술에 찌들어 사는 알콜 중독자의 모습과 흡사한데 인생을 헛되이 살고 간 애물단지 남편들의 처절한 말로를 보는 것 같아 측은하기 이를데 없는 노래다.

그처럼 값없이 허랑 방탕한 삶을 살아온 위인을 남편이라고 일생 동안 보살펴 주느라 고초를 겪고 쪼들리면서도, 참고 살아온 우리 옛 여인네들의 가련한 절조가 느껴진다.

일생을 통하여 좋은 모습 한번 보여주지 못하고 끝내는 무모하게 강물에 뛰어 든 그 남편! 그런 위인을 위해 일부종사하다 죽음의 길까지 뒤따라야 하는 한 여자의 운명은 처절하기까지 하다.

우리들은 이런 경우 흔히 부부의 사랑이란 죽음까지도 함께 할 수 있는 것이라고 미화하기도 하지만 이 노래는 결코 그렇지 못한, 그야말로 남편을 잘못 만난 한 여성의 비참한 종말을 보여 주는 노래로 잘못된 부부의 만남을 읊고 있다.

중국의 이백(李白)이 지은 「횡강사(橫江詞)」라는 시 6수(首) 가운데 맨 마지막 여섯 번째 수의 끝구〔결구(結句)〕에는 「공후인」에서와 같이 사랑하는 임의 도강을 만류하는 「임이시여 강을 건너지 마오 : 공무도하…(公無渡河…)」라는 말이 나온다. 그러나 여기에서 강을 건너야 할 임의 행색은 알콜 중독자의 모습으로 등장하는 미치광이 노인처럼 결코 연민의 대상은 아닌 듯하다.

月暈天風霧不開 (월훈천풍무불개)
海鯨東蹙百川廻 (해경동축백천회)
驚波一起三山動 (경파일기삼산동)
公無渡河歸來去 (공무도하귀래거)

달무리 진 하늘로 치솟는 바람에도 안개는 걷히지 않고
바다 고래 동해에서 찡끗하면 온 강물은 거세지네,
놀란 파도 한번 일면 삼신산도 흔들리니
임이여 그 강 건너지 말고 어서 속히 되옵소서.

황조가(黃鳥歌)

앞에서 밝힌 「공무도하가」의 내용과 달리, 이 노래는 잘못된 사랑의 삼각 관계를 그리고 있다. 『삼국사기』 고구려 본기 유리명왕조(琉璃明王條)에는 다음과 같은 기록이 있다.

琉璃王… 冬十月. 王妃宋氏薨. 王更娶二女以繼室. 一曰禾姬. 鶻川人之女也. 一曰雉姬. 漢人之女也. 二女爭寵不相和…雉姬慙恨亡歸(유리왕… 동시월. 왕비송씨훙. 왕경취이녀이계실. 일왈화희. 홀(골)천인지여야. 일왈치희. 한인지여야. 이녀쟁총불상화…치희참한망귀…)
「유리왕… 10월에 왕비 송(宋)씨가 죽었다. 왕은 두 여자를 계비로 맞으니 한 여자는 화희라 하는 홀(골)천 사람의 딸이고 한 여자는 치희라 하는 한인의 딸이다. 두 여자는 왕의 총애를 다투며 서로 불화하여…」

그래서 유리왕은 동서에 각각 따로 궁을 짓고 두 계비를 격리시켰다. 왕이 기산이란 곳에서 1주일간의 사냥으로 궁을 비운 사이에, 두 계비가 싸움을 하였는데 화희가 치희에게 「너는 한씨 가문의 종년 출신으로 어찌 그리 예의가 없느냐?」고 꾸짖자 치희는 노엽고 수치스러움을 참지 못하고 도망치게 되었다. 왕이 이 소식을 듣고 뒤쫓아 갔지만 치희는 노여움을 품은 채 돌아오지 않았다.

왕이 궁으로 혼자서 돌아오는 길에 나무 그늘에서 쉬고 있는데, 꾀꼬리(황조:黃鳥)가 나무 위로 날아드는 것을 보고 감동하여 불렀다는 노래가 곧 「황조가」이다.

翩翩黃鳥 (편편황조)
雌雄相依 (자웅상의)
念我之獨 (염아지독)
誰其與歸 (수기여귀)

— 유리왕

〔해 설〕
훨훨 나는 꾀꼬리
암수 서로 의지하네
쓸쓸한 내 마음
뉘를 데려 돌아가랴.

이 노래는 이미 깊어진 사랑을 잃고 괴로워하는 마음이 무난하게 표현되어 시가문학(詩歌文學) 초창기의 평범한 작품이라고 볼 수 있다.

그러나 조선조에 시문의 대가들이 지은 작품과 중국의 한시는 그 절묘함이 극치에 이르고 있어 감상하는 이의 마음을 휘어잡아 흔들고 설레이게 하여 마침내 눈물짓지 않을 수 없게 만든다.

조선조 명종에서 선조 때 격식이나 형식에 얽매이지 않고 자유분방하게 글을 썼던 대문장가 임제〔林悌 : 호는 백호(白湖)〕의 「무어별(無語別) : 규원(閨怨)」이라는 오언절구 한시는 순정과 이별의 모순이 얼마나 안타까운 부조리이며 애끓는 연민의 눈물인가를 잘 나타내고 있다.

十五越溪女 (십오월계녀)
啥羞無語別 (함수무어별)
歸來掩重門 (귀래엄중문)
泣向梨花月 (읍향이화월)

〔해 설〕
개울 건너 열 다섯 아름다운 아가씨
수줍어 말 못한 채 헤어졌다네
돌아와 겹겹이 문 걸어 닫고
배꽃에 걸린 달을 보고 눈물 짓네.

이 노래의 15세 풋풋한 여자에 대비되는 어느 젊은 남자의 짝사랑, 또한 그에 못지 않는 고뇌의 노래가 있다.

당나라 때 최호(崔護)라는 시인은 성격이 남달리 까다로운 사람으로 대인 관계를 멀리하고 혼자서 고독을 즐기며 살았다.

어느 봄날 성밖 남쪽 교외로 소풍을 나왔는데 만발한 복사꽃에 둘러싸인 아름답고 아담한 집 한 채가 있는 것을 보았다. 야트막하기는 하나 저렇게 아담한 집에 사는 사람은 도대체 누구인지 한 번 보고싶다는 호기심이 생겼다. 궁리 끝에 갈증을 구실 삼아 물 한 그릇을 청하기로 하고 그 집을 찾아 들었다. 밖에서 사람을 찾는 소리를 듣고 나온 주인은 의외로 보기 드문 절세미인이였다. 그녀는 용모만 아름답고 우아한 것이 아니라, 마음씨도 고와 친절하고 상냥스럽게 외래 객을 대하였다.

최호는 그녀에게 한 눈에 반하고 말았으나, 워낙 남과 사귈 줄 모르고 오랜 동안 고적하게 살아온 위인인지라 무얼 어쩌지 못하고 아쉬운 마음으로 그냥 돌아오고 말았다. 그러나 그녀와의 만남은 쉽게 잊혀지지 않고 시간이 흐를 수록 더욱 그리워져 견딜 수가 없었다.

일년이란 세월이 흘러 작년처럼 복사꽃 피는 계절이 되자, 도저히 참을 길이 없어 그녀를 보고 싶은 마음에 어느덧 집을 나와 옛 길을 따라 그 집을 향해 걷고 있었다.

그러나 그 집을 찾고 보니 문은 이미 폐쇄되었고 지금은 그 누구도 살고 있지 않았다. 너무 실망이 큰 나머지, 그 집의 출입 문 위에 「인면도화(人面桃花)」라는 시 한 수를 적어 놓았다.

去年今日此門中 (거년금일차문중)
人面桃花相映紅 (인면도화상영홍)
人面不知何處去 (인면부지하처거)
桃花依舊笑春風 (도화의구소춘풍)

지난해 오늘 이 집에는
그대 얼굴 복숭아꽃처럼 붉게 타올랐네
그대 어디 갔나 아는 이 없다 하(여 애를 태우)는데
복사꽃만 여전히 봄을 반겨 (방긋)웃고 있다네.

이 세상에 태어나서 가장 사랑하는 사람을 영원히 볼 수 없게 된다면 그 이상 불행하고 안타까운 비극이 또 어디 있을까? 그래서 동서고금을 막론하고 모든 사람(시인)들은 실연의 아픔은 죽음에 상응하는 것이라고 노래 불렀다.

헌화가(獻花歌)

앞으로「헌화가」를 시작으로 여러 편의 향가를 접하게 될 것이다. 향가는 이두〔吏讀 : 향찰(鄕札)〕로 표기한 노래의 대명사처럼 여길 만큼 거의 이두의 용례가 향가에 국한되어 나타나고 있다. 한자의 음과 훈을 따서 우리말(노래)을 표기하는 데 있어서 보다 만족한 표현을 위해 이두라는 이름의 독특한 글자를 만들어 가지고 주로 신라 관아를 중심으로 사용한 것으로 보이는데『삼국사기』의 기록에는 향가에 한해서 제한적으로 이두를 사용하였다.

그래서 앞으로 소개될 향가에 있어서 한자에서 빌려다 가명(假名)으로 사용된 노래 말(이두로 적은 가사)을 온전한 한자가 지닌 본래의 음과 훈으로 읽거나 해석하려는 것은 아무런 의미가 없다. 그런데도 불구하고 이두 가사로 활용된 한자를 마치 한시(漢詩)에서와 같이 독음을 써넣은 것은 다름이 아니다. 그것은 어떤 독음의 한자가 이두 문자가 되기 위해 어떤 음소나 어떤 음가(音價)로, 또 어떤 의미로 변형되어 차용되었나를 참고하는데 도움을 주기 위한 의도라는 것을 미리 밝혀 둔다.

이처럼 이두로 씌어진 향가 가운데 하나인 「헌화가」에 관한 이야기는 신라 성덕왕(聖德王) 시대에 순정공(純貞公)이 강릉(명주) 태수로 부임하는 길에 어느 해변에서 점심을 먹게 되는데서 시작된다.

주변은 깎아내린 절벽이 병풍처럼 해변을 둘러 싸 안고 있어 매우 빼어난 절경이었다.

높이가 천 길이나 넘는 낭떠러지 위에 철쭉꽃이 흐드러지게 만발하였다. 함께 순정공을 수행하던 그의 부인 수로(水路)가 보고 주변 사람들에게 이르기를 「누가 저 꽃을 꺾어 올 수 있겠느냐?(折花獻者其誰 : 절화헌자기수)」고 하니 따르던 자들이 말하기를, 사람이 오를 수 없는 곳이라서 누구라 해도 불가능하다며 감이 아무도 나서지 못하였다. 때마침 정체를 알 수 없는 한 노인이 암소〔본문 「제망매가(祭亡妹歌)」에 언급된 바와 같이 원효가 「생사고해가(生死苦兮歌)」를 짓게 된 동기 가운데 나오는 이야기에 의하면 전생에서 원효와 사복이 암소의 주인이었다고 한다. 그들이 불경을 싣고 다닐 때 그 암소를 부린 업보로 말미암아 금생에는 사동과 암소가 모자의 인연으로 태어난 것이다. 이런 연유로 미루어 보아 여기에서 무명의 노인은 원효이거나 그에 상당한 인물로 어느 훌륭한 고승을 의미하고 있는 듯 하다.〕를 끌고 그 곁을 지나다가 부인의 말을 듣고 꽃을 꺾어와 건네주며 「헌화가」의 가사를 지어 함께 바쳤다.

〔이두 표기의 원형문〕

紫布岩乎邊希 (자포암호변희)
執音乎手母牛放教遣 (집음호수모우방교견)
吾肸不喩慚肸伊賜等 (오힐불유점힐이사등)
花肸折叱可獻乎理音如 (화힐절질가헌호리음여)

— 어느 노인

〔한역 표기의 원형문〕
딛배 바회 갓해
자브온 손 암쇼 노해시고
나할 안디 븟하리샤단
곶을 것가 자바보리이다.

〔해 설〕
자줏빛 바위 가(위)에
잡고 (끌고)온 암소 놓으시고
나를 수줍게 여기지 않으신다면
꽃을 꺾어 바치겠습니다.

해가(海歌)

젊은 종자들도 감히 절벽의 꽃을 꺾어 올 엄두를 못내는데, 늙은 노인이 아름다운 수로부인을 위해 살신성인의 정신으로 꽃을 꺾어와서 노래까지 지어 바친 그 다음 이틀째 되는 날이었다. 임해정(臨海亭)이란 곳에서 점심을 먹는데, 뜻밖에 해룡(海龍 : 바다의 용궁을 지배한다는 용)이 나타나 수로부인을 끌고 바다물 속으로 납치해 들어갔다.

그때 또한 노인(어제 암소를 끌고 나타나 헌화가를 불러 준 노인으로 짐작됨)이 나타나 말하기를 「옛부터 여러 사람의 입에서 나오는 들끓는 여론은 쇠도 녹일 수 있다고 했으니, 아무리 바다 속 동물인 해룡이라 한들 인간의 말을 두려워하지 않을 수 있겠소? 주위 사람들을 모아서 합심하여 노래를 지어 부르며 막대로 언덕을 쳐서 겁을 주면 부인을 다시 찾을 수 있으리라.」고 했다.

순정공이 즉시 실행에 옮기니 정말로 용이 부인을 모시고 나와 바쳤는데, 이때 부른 칠언절구체로 된 한시 「해가(海歌)」는 이렇다.

龜乎龜乎出水路 (구호구호출수로)
掠人婦女罪何極 (약인부녀죄하극)
汝若悖逆不出獻 (여약패역불출헌)
入網浦掠燔之喫 (입망포략번지끽)

— 작자 미상

〔해 설〕
거북아 거북아 수로부인을 보내다오
남의 아내 빼앗은 죄 얼마나 크랴
네가 만약 거역하여 보내주지 않는다면
그물로 잡아 구워 먹으리.

순정공이 무사히 되돌아온 아내에게 바다 속에서 있었던 일을 물으니 부인이 말하기를 「칠보로 꾸민 궁궐에 음식이 맛있고 향기롭고 깔끔하여 속세 인간이 익혀먹는 요리가 아니라(七寶宮殿. 所饌甘滑香潔. 非人間煙火 : 칠보궁전. 소찬감활향결. 비인간연화)」고 대답하였다. 그리고 부인의 옷에서는 지금까지 없었던 기이한 향내가 풍겨 왔다. 본래 수로부인은 절세의 미인인지라 깊은 산이나 큰 물가를 지날 때마다 여러 차례 신물(神物; 귀신같은 존재)에게 납치를 당했던 적이 있다.

여기서 수로부인을 납치한 해룡을 향하여 「해가」를 부른 것이 아니고 거북이를 상대로 수로부인을 내놓으라고 다그친 점에 대해서 어떻게 보아야 할 것인가?

그것은 기술한 사람의 착오이거나 아니면 숨겨진 또다른 어떤 설화적 의미 등으로 볼 수 있지만 모두 막연한 추측일 따름이다.

다만 고전소설 〈별주부전(토끼전)〉의 모체(주제)가 되는 설화가 『삼국사기』에 기록돼 있기 때문에 그 기록을 통하여 해룡과 거북의 관계는 물론 「해가」에서 왜 거북을 상대로 수로부인을 돌려 달라고 채근할 수밖에 없었는가를 이해하는데 많은 도움이 된다.

신라 선덕대왕 때 백제의 침공으로 합천 땅이 함락될 당시, 불행히도 김춘추(金春秋)의 딸 고타소랑(古陁炤娘)이 남편 품석을 따라 순절하였다. 춘추가 딸의 한을 풀기로 결심하고 백제를 치기 위해 고구려에 원병을 청하러 떠나겠다고 하니 왕이 허락하였다. 떠나기에 앞서 춘추는 자신이 고구려에 가서 지원을 받기는커녕 오히려 볼모가 되어 외교에 성공치 못하고 잡힐 경우, 김유신(金庾信)으로 하여금 대신 고구려는 물론 백제까지 짓밟아 놓겠다는 것을 확약하고 피로써 맹세하였다.

춘추가 훈신 사간(8등급의 직위에 해당되는 사찬이란 관직)과 함께 고구려 사절로 갈 때 대매현이란 고을에 이르니, 그 곳에 사는 사람 두사지(豆斯支) 사간(沙干)이 청포(靑布) 3백 보(약 300m)를 주었다.

고구려에 들어간 춘추를 고구려왕은 대태로(수상)인 연개소문(淵蓋蘇文)으로 하여금 출영시켜 맞이하고 환영 잔치를 베풀었는데, 일부에서는 어떤 사람이 왕에게 말하기를 「춘추는 비범한 자로서 이번의 내방은 친선사절의 자격을 빙자한 첩자로서 온 것이니, 마땅히 뒷날을 도모하여 후환을 막아야 한다」고 주장했다. 고구려왕 역시 춘추를 의심하여 그를 곤경에 빠뜨려 욕을 보이려고 무리한 요구를 하게 되었다.

「조령과 죽령은 본래 우리 고구려 땅이니 우리에게 돌려주지 않으면 귀국할 수 없다.(麻木峴與竹嶺本我國地, 若不我還, 則不得歸 : 마목현여죽령본아국지, 약불아환, 즉불득귀)」고 했다.

이 말에 대하여 춘추가 대답하기를 「국토라 함은 일개 신하의 입장에서 마음대로 어찌하는 것이 아니니 그렇게 할 수 없다」고 거절하였다. 고구려왕이 진노하여 그를 죽이려고 감금해 놓았을 때, 춘추는 고구려왕이 총애하는 신하 선도해(先道解)를 불러 이곳으로 오던 길에 대매현에서 두사지로부터 선사받은 청포 3백 보를 은밀히 주었다.

그런 일이 있은 후에 도해는 주안상을 차려와 춘추와 술을 마시게 되었는데, 한창 취기가 돌 즈음 도해가 농담으로 「토기와 거북」이야기를 들은 적이 있는가를 물어본 후, 고전소설 「별주부전」에 나오는 내용 그대로를 모두 들려주었다.

춘추는 그 뜻을 알고 고구려왕에게 글을 보내어 의사를 전했는데 그것은 물론 토끼의 계략에서 힌트를 얻은 것으로 그 방법을 모방하여 위기를 벗어나 무사히 신라로 돌아올 수 있었다.

그러나 여기서는 거북과 토끼가 서로 속고 속인 고단수의 계략이 중요한 것이 아니고, 용왕(해룡)과 거북의 신분 관계와 역할 등을 이해하는 일이다.

즉, 용왕은 토끼의 간이 영약인 것을 알면서도 육상의 동물인지라 구할 수 없어 딸의 심장병 치료를 포기해야 하는 매우 절망적인 시점에서 다음과 같이 안타까워할 때의 대목은 이렇다.

그러나 바다에는 토끼가 없어 어찌해야 좋으냐고 하니 이에 한 마리의 거북이(별주부)가 있어 용왕께 아뢰어 말하기를 「제가 능히 하겠노라」며 육지에 올라가 토끼를 보고 하는 말이…(然海中無兔. 不奈之何. 有一龜白龍王言. 吾能得之. 遂登陸見兔 … : 연해중무토. 불나지하. 유일구백용왕언. 오능득지. 수등육견토…)

여기서 볼 때 해룡과 거북의 관계가 확실해 지는데, 별주부의 신체 구조는 수륙 양용으로 된 구조인지라 육지에 사는 토끼를 자진해서 유인해 와야할, 그야말로 운명적인 충신이요 사자인 것이다.

그러므로 「해가」에서도 수로부인을 직접 끌고 간 해룡을 상대로 다시 돌려 달라하지 않고 왜 제 삼자인 거북이를 채근할 수밖에 없었는지를 어느 정도 짐작하게 되었을 것이다. 토끼는 용궁의 일개 주부(主簿)라는 벼슬아치로서 동해의 용왕 말 한마디에 생사가 좌우될 정도의 신분에 불과하다. 그래서 수륙을 오가며 심부름할 수 있는 사자로서 적격이다. 그렇지 않고서야 어찌 지체 높은 용왕에게 감히 수로부인을 내놓으라고 직접 대고 추궁할 수 있었을 것인가?

이 노래에서 수로부인의 피랍은 「처용가」에서 역신들이 아름다운 처용의 아내를 흠모한 나머지, 사람으로 변하여 동침한 사건과 「도화녀(桃花女)」의 설화와 함께 신라인들의 육체미 존중의 사상을 엿볼 수 있는 좋은 자료라는 것이다.

「처용랑(處容郞)」사건은 「처용가」에서 언급하기로 하고 여기서는 「도화녀」에 대해서 먼저 살펴보고자 한다.

신라 25대 사수왕(舍輪王) 4년에 정치가 어지럽고 음란하여 백성들이 그를 폐위 시켰다. 왕이 하야하기 전에 집권 당시 사량부(沙梁部 : 신라 6부의 하나)에 서녀가 있었는데 얼굴이 곱고 아름다워 사람들이 도화랑(桃花娘)이라고 불렀다.

왕이 그녀를 탐하여 궁으로 불러 관계를 요구하자 「여자가 지킬 일은 두 남자를 동시에 섬기지 않는 것이니, 비록 제왕의 엄명이라 해도 임자있는 유부녀로서 왕의 요구에 응할 수 없다.(女之所守 不事二夫 有夫而適他 雖萬乘之威 終不奪也 : 여지소수 불사이부 유부이적타 수만승지위 종불탈야 」고 거절했다. 도화랑이 만만치 않게 반응하자 왕이 「너를 죽인다면 어찌하겠느냐?」고 은근히 위협하니 「차라리 죽음을 택하겠다」고 대답하였다. 왕이 짐짓 농으로 진심을 알고 싶어 「그러면 네 남편이 없으면 내 요청에 응하겠느냐(無夫則可乎 : 무부즉가호)」하니 도화랑이 「그런 경우라면 가능하다」고 대답하자 그녀를 돌려 보냈다.

그해에 왕이 폐위 되고 3년이 지난 후에, 도화랑의 남편도 죽어 10여 일이 지난 어느 날 밤중에 왕이 생시와 다름없이 갑자기 여자를 찾아와 말하기를 「네가 오래 전에 약속한 바와 같이 이제는 네 남편이 없는 몸이니 허락할 수 있겠느냐?」하였다. 그러나 여자는 쉽게 호응하지 않고 일단 부모의 의사를 물으니 「임금의 말씀을 어찌 거역하겠는가」라며 딸의 합방을 허락하였다.

왕이 도화랑과 일주일간 머무는 동안, 오색구름이 계속 집 주변을 두르고 향기가 방안에 가득하더니 7일 후에 갑자기 왕이 자취를 감추었다.

여기서 볼 때 도화랑은 왕이 집요하게 탐할 정도의 미인으로서 처용의 아내나 「해가」의 수로부인 등과 더불어 여성의 육체미에 대한 존경심과 가치를 부여할 줄 아는 높은 심미안이 신라인들에게 있었음을 말해 주고 있다.

앞으로 「처용가(處容歌)」에서 말하겠지만 본래 신라인들의 성(性)에 대한 관념은 매우 개방적이었다. 그러다가 남녀유별이란 강령으로 여성의 정조관념을 구속하는 유교사상이 뿌리 내리기 전후 한동안은 성 의식에 약간의 혼란이 있었던 것으로 보인다. 그것은 도화랑이 남편 때문에 왕과 성 관계를 가질 수 없다고 한 부분은 유교적 사상이고 남편이 죽은 후에 수절하지 않고 사수왕에게 몸을 곧 허락한 것은 신라인들이 오랜 동안 이어온 성 행위의 자유 분방함에 따른 것으로, 전래의 성 관념과 새로운 유교적 성 관념이 상충되는 과도기적인 현상으로 볼 수 있다.

그런 주장을 뒷바침 해주는 것은 신라의 미술과 조각 작품에서도 흔히 나타나고 있다.

경주문화 재연연구소는 남자 성기를 극 사실적으로 묘사한 초기 통일신라 시대(7세기 전후) 돌로 만든 희귀 유물 두 점을 공개했다. …그동안 발굴 사실조차 알려지지 않고 있다가 이번에 공개했다. 이 중 구황동 왕경지구 출토유물은 전체적인 비례미는 물론 귀두의 곡선 부분이나 미세한 피부 주름, 요도 구(口) 등이 지극히 사실적인 수법으로 묘사됐다.…발굴단은 「표면에 손때가 많이 묻어있는 점으로 미뤄 노리개 등으로 활용했을 가능성이 높다」며 「크기로 보아 실제 성적 쾌락을 위해 사용했을 가능성은 적다」고 했다.…신라인들의 인간관과 성(性)을 대하는 태도 등을 이해하는데 많은 시사점을 준다고 전문가들은 말한다. 유교의 엄숙주의 등이 사고의 중심으로 자리잡기 이전 단계의 신라인들이 얼마나 개방적으로 성(性)을 대하고 인체(인간)의 아름다움을 찬양했는가를 입증한다.

— 〈조선일보 · 1998. 8. 11〉

그래서 도화랑은 왕이 집요하게 탐할 정도의 미인으로서 처용의 아내나 「해가」의 수로부인 등과 함께 여성의 육체미에 대한 존경심과 개방적인 성문화가 신라인들의 의식구조 속에 깊이 뿌리 내리고 있었음을 말해 준다.

구지가(龜旨歌)

가락국 건국 당시를 배경으로 만들어진 노래로 시가문학의 초창기 작품이라고 보기 어려울 만큼 짜임이 알차고 함축성 있는 노래라고 볼 수 있다.

가락국의 개국 당시, 아직은 국가로서 기틀이 잡혀있지 못한 때라 그저 구간(九干)이라고 하는 아홉 무리의 우두머리들이 부족국가 단위의 형태로 백성을 분담하여 다스리던 시기였다.

북쪽에 구지(龜旨)라는 산봉우리에서 이상스럽게도 누구를 부르는 소리가 들려왔다. 그 곳에 구간들을 비롯하여 백성들이 2·3백명 모여와 살폈으나 보이는 것은 아무 것도 없고 단지 소리만 들리는데 이른 바「여기에 사람들이 있느냐?(此有人否 : 차유인부)」고 하였다.

구간들이 대답하기를「우리들이 이렇게 여기에 있다.」하니「여기가 어디란 말이냐?」고하여「여기는 구지라는 곳이다.(龜旨也 : 구지야)」고 대답하였다.

그리고 계속해서 들려오는 말은「하늘(황천)이 나에게 명령하기를 이 곳에서 나라를 새롭게 하여 임금이 되라고 하여 이 곳에 정녕 내려온 것이니 너희들은 산꼭대기의 흙을 파면서 노래(구지가)를 부르며 춤으로써 대왕을 맞아 기쁨으로 날뛰며 즐길지니라.」고 했다.

龜何龜何 (구하구하)
首其現也 (수기현야)
若不現也 (약불현야)
燔灼而喫也 (번작이끽야)

— 구 간

〔해 설〕
거북아 거북아
머리를 내밀(도록 도와 주)어라
만약 숨기고 있으면
구어 먹으련다.

한참 흥겹게 춤추며 노래하다가 쳐다보니 불그레한 빛이 하늘에서 땅 위로 이어진 바로 그 곳, 구지에 금합 하나가 (보자기에 싸여) 있었다. 그것을 열어보니 둥근 황금알 6개가 들어 있었다. 모두 놀라면서도 한편 기뻐하며 여러 차례 경배를 드린 다음, 다시 보자기로 싸서 아도(我刀)의 집으로 가지고 돌아와 탑(榻 : 긴 평상) 위에 모셔 두었다.

다음날 여러 사람이 다시 모여 금합을 열어보니 6개의 알이 모두 부화하여 동자가 나왔는데 용모가 깨끗하여 여러 사람이 극진한 마음으로 경하 하였다.

나날이 성장하여 십여 일이 되니 신장이 9척이나 되고 얼굴은 용과 같고 이목구비가 비범하여 출생한 그 달 보름에 즉위하였다. 처음으로

(머리를 내밀고)나왔다하여 수로(首露)라하고 나라 이름을 대가락〔大駕洛 또는 가야국(伽倻國)이라고도 함〕이라 하니, 6가야의 하나이며 나머지 5인은 각각 5가야를 하나씩 맡아 임금이 되었다.

그후 수로왕은 서울 주위에 1천5백 보의 나성(羅城 : 바깥 성)을 축성하고 궁궐 전당, 여러 청사와 무기고 등의 건축을 시작하여 낙성하고 기일을 택하여 이궁하였다.

만기를 다스리고 나라의 기틀이 바로 서자, 구간들이 왕을 배알할 때마다 아뢰기를「대왕께서 강림하신 이후로 좋은 배필없이 독처하셨으니 이제 신(臣)들이 절묘한 처녀를 추천 하겠사오니 간택하소서」라며 권면하였다. 수로왕이 이르기를「내가 여기에 이른 것이 하늘의 명령이듯 또한 나의 배필 역시 하늘의 명에 의할 것이니 그대들은 염려치 말라」하더니 유천간(留千干)을 시켜 경주(輕舟 : 큰 배가 직접 육지에 접안할 수 없을 때 화물과 사람을 실어 나르는 작은 거룻배)와 준마를 준비시켜 망산도(望山島)에 대기토록 하고 신귀간(神鬼干)은 승점(乘岾 : 사방을 살펴보기 위해 높은 산등성이에 세운 관측소 같은 곳?)으로 가있도록 명령하였다. 그 때 홀연히 바다 서남쪽에서 붉은 돛과 깃발을 나부끼며 북쪽을 향해 오는 배가 있었다. 망산도에 대기중인 유천의 일행이 먼저 횃불을 올려 배가 오고 있음을 알리니 신귀가 승점에서 그 정보를 접수하여 대궐로 달려와 아뢰니 소식을 접한 왕이 기뻐하였다.

조금의 지체함 없이 구간 등을 보내어 국빈의 예우로 맞아 궐 안으로 들이게 하였다. 그러나 배를 타고온 공주가 말하기를「너희들과 나는 본디 서로 알지 못하는 금시초면으로 어찌 경솔하게 너희를 따라 가겠느냐?」며 경계하였다.

유천 등이 돌아와 그리 전하니 왕이 유사(有司)를 거느리고 행재소까지 나가 기다리다 뭍으로 오르는 공주를 맞아들였다.

시종으로 따라온 신하들은 좋은 거처와 음식을 제공받고 공주가 지참해 온 값진 보화 등은 모두 있을 곳에 정리·정돈되는 등 왕의 결혼생활이 새롭게 시작되었다.

왕과 왕후가 침전에 들었을 때, 왕후가 조용히 말하기를 「나는 본래 아유타국(阿踰陁國 : 인도의 한 나라)의 공주로 성은 허(許)씨요 이름은 황옥(黃玉)으로 나이는 16세입니다」고 자신을 소개하고 지금까지 이 곳으로 오게된 내력을 말하였다.

부왕과 모후가 말하기를 「지난 밤 꿈자리에서 (옥황)상제를 뵈었는데 가락국 수로왕은 하늘이 보내 등극시킨 바이므로 신성스럽기 그지없는 일인데, 아직 배필을 정하지 못했으니 그대들의 공주 황옥을 보내어 왕후를 삼게 하라」 이르고 하늘로 올라갔다. 잠에서 깬 부모는 즉시 작별을 고한 후 잠시도 지체하지 말고 떠나가라 말씀하셨다. 그래서 증조(蒸棗 · 찐대추 : 노화를 막고 여성들의 얼굴에 기미가 생기지 않게 하여 아름다움을 오래 유지시켜 준다고 함)와 오랜 장수를 누리게 하는 반도(蟠桃 :신선이 먹는 복숭아)를 얻어 와서 외람되이 진수(螓首 : 미인의 이마 즉 아름다운 얼굴)로 용안을 가까이 모시게 된 것이라고 하였다.

왕은 이미 오래 전에 이렇게 될 줄 알고 여러 신하들의 청을 거절하였는데 현숙한 그대가 자진하여 왔으니 잘된 일이라 하고 동침하였다.

그리고 수로왕은 관직과 품계의 호칭을 고치고 혁고정신(革古鼎新)하여 나라를 평화롭게 하고 백성을 자식처럼 사랑하는 등 태평성대를 맞게 되었다.

이 「구지가」는 앞서 다룬 「해가」를 모방한 듯, 비슷한 점이 많은 노래다. 노래를 부르며 얻고자하는 대상이 우연스럽게도 음상적으로 수로라는 이름이 같고 그를 내놓으라고 추궁 당하는 대상이 거북이란 점이 같다. 다만 한자로 표기할 경우 수로(水路 : 首露)라는 한자는 순정공의 아내와 임금이란 신분, 그리고 산과 바다라는 공간적 정황이 서로 다를 따름이다. 같은 틀 속에 약간 다른 내용을 담아 표현한 노래라고 생각한다.

그런데 지금까지는 이 「구지가」를 이해함에 있어 거북이와 수로왕을 같은 인격(인물)으로 자못 오해하는 경우가 있다. 즉 거북을 수로왕으로 의인화한 것으로 보는 견해가 있는데, 그렇게 해석을 하는 경우 장차 임금이 될 분에게 위협을 가하고 무례하게 덤비며 윽박지르는 노래가 된다.

「거북(수로왕)아! 머리를 내밀고 나오너라, 말을 듣지 않으면 너(거북=수로)를 구어 먹겠다」

그러나 본래의 뜻에 맞게 제대로 해석하면 왕이 될 수로에게 겁을 주는 것이 아니고 수로를 감추고 있으므로써, 불경의 죄를 짓고 있는 구지라는 이름의 산봉우리를 의인화하여 위협하는 그야말로 전자의 해석과 전혀 다른 뜻이 되므로 비로서 정상적인 해석이 된다.

「거북이(모양의 산봉우리)야! (우리 수로 임금이)머리를 내밀고 나올 수 있도록 (협조)해다오, 말을 듣지 않으면 산봉우리를 파헤쳐 놓(구어 먹)겠다」

서두에서 잠시 비쳤지만 이 작품에 대한 지금까지의 견해는 전자와 같은 해석으로 말미암아 시가문학의 초보적 작품으로 매우 단순하고 평범한 노래라고 평가해 왔다. 그러나 후자와 같은 해석을 하고 보면 전혀 다른 면모를 지닌 시가로써 매우 훌륭한 작품이란 새로운 사실을 발견하게 된다.

유중문시(遺仲文詩)

고구려 때 수양제(隨煬帝)가 우문술(宇文述)을 좌익위대장군으로, 우중문(于仲文)을 우익위대장군으로 앞세우고 쳐들어와서 압록강에 이르렀다.

이때 고구려의 명장 을지문덕(乙支文德)이 왕명을 받고 적진에 들어가 거짓으로 항복하였는데, 숨겨진 목적은 지피지기를 통해 적군의 허실을 찾으려는 작전수립 계획의 하나였다. 황제는 출정에 앞서 고구려왕이나 을지문덕을 보면 생포하라고 우문술과 우중문에게 밀지를 내렸다. 그런 때에 제 발로 걸어 들어온 을지문덕을 구류하려는데 위무사(慰撫使 : 군대의 사기를 높이기 위해 활동하는 직책)인 상서우승 유사룡(劉士龍)이 굳이 말리므로 을지문덕을 돌아가도록 내버려 두었다.

그러나 그를 방면한 것에 대해 우중문 등이 매우 아까워하며 다시 사람을 보내어 을지문덕을 속여 말하기를 또 논의할 일이 생겼으니 돌아 오라고 하였으나 을지문덕은 개의치 않고 뿌리치듯 압록강을 건너 자기의 진중으로 와 버렸다.

을지문덕을 놓친 두 장군은 그의 예상되는 반격에 대해 은근히 불안에 떨며 우문술은 식량이 다 떨어졌다는 구실로 철수를 결심하게까지 되었다. 그러나 우중문은 정예부대로 그 뒤를 추격하면 능히 승산이 있을 것이라며 공격하려 하자, 우문술이 극구 만류하였다.

비굴한 우문술의 태도에 격노한 우중문이 우문술에게 10만의 대군을 거느리고도 고구려의 소적을 쳐부수지 못하면 장차 무슨 얼굴로 황제를 볼 수 있겠느냐고 책망하였다. 그 말을 듣고 마지못해 추격전에 함께 나가서 압록강을 건너는데 을지문덕은 수나라 군사가 굶주림에 시달리고 있음을 신속히 파악하고 그들을 더욱 탈진시키기 위해 접전할 때마다 일부러 패배한 척 하고 후퇴를 거듭하니 적군 쪽에서 보면 1일 7전 7승이란 대승리의 전과를 거둔 셈이 되었다.

파죽지세를 자랑하며 의기양양한 수(隨)나라 군사들은 내친김에 동쪽으로 살수〔薩水 : 청천강(淸川江)〕를 건너 평양성과는 불과 3십여 리밖에 안 되는 가까운 거리까지 밀고 와서 산기슭에 설영을 하였다. 이때 을지문덕은 중문에게 시 한 수를 지어 보냈는데 그것을 「유중문시(遺仲文詩)」라고 말한다.

神策究天文 (신책구천문)
妙算窮地理 (묘산궁지리)
戰勝功旣高 (전승공기고)
知足願云止 (지족원운지)

— 을지문덕

〔해 설〕

신기한 계책은 하늘의 뜻에 통해 있고
교묘한 전략은 지리에 통달돼 있도다.

전승의 공로 이미 높아 있으니
그 쯤에서 만족하고 돌아가시오.

비록 속임수 앞의 백전백승이지만 어떻든 승리는 승리이므로 그 전략의 신기함을 높이 평가할 뿐 아니라 너희(수나라 군사)들 역시 의기충천할 대전과라고 자부할 일이나, 이제 그 이상 욕심을 내지 말고 전쟁을 끝내자고 짐짓 여유있는 제의를 해보이는 시(詩)가 아닌가. 그러나 우중문은 잘 알겠다고만 말하고 물러나지 않으므로 또 사자를 보내어 거짓으로 항복하고 군대를 철수하면 고구려왕을 모시고 행재소로 가서 양제를 조견하겠다고 전하였다.

한편, 이 제의를 접한 수나라 쪽에서는 군사들이 지쳐 전의를 잃고 있는데다 평양성은 견고하기 이를데 없어 깨뜨리기 어렵다는 판단을 하고 있을 때였으므로 항복 의사를 받아 들여서 철군하는 양으로 물러가기 시작하였다.

이 기회를 노린 을지문덕은 지금까지 휴식하며 힘을 축적해 온 군사를 출동시켜 사방에서 공격하며 뒤를 추격하였다. 수나라 군사가 살수를 반쯤 도강할 즈음에 을지문덕이 기습적으로 막강한 병력을 투입, 후군을 맹격하여 우둔위장군 신세웅(辛世雄)을 죽이니 그로부터 대오편제가 무너지고 말았다. 패잔군이 하루 낮 하루 밤을 퇴각하여 요수(遼水 : 압록강)에 이르니 4백 5십리를 온 셈이었다. 거기서 다시 압록강을 건너 요동성에 도착한 때의 병력은 본래 30만 5천명의 대부대가 불과 2천 7백명에 불과한 오합지졸이 되고 말았다.

삼국의 불교(佛敎) 전래를 기리는 찬가(讚歌)

고대 삼국의 불교 유입 당시의 설화에 나타난 초기의 시가(향가)와 불교가 국교로 공인되어 급속히 발전할 당시에 지은 작품은 서로 많은 차이를 보이고 있다. 불교 번성기의 작품은 찬불사상 편중 일변도라는 느낌을 강하게 주지만 불교 유입 초기까지의 시가는 매우 순수하여 거의 일반 문학의 작품성과 근사하다는 점이 주목된다.

우리의 옛 문화는 불교를 떠나서 설명할 수 없는 부분이 매우 많다. 선조들은 불교를 토속 신앙과 결부시켜 토착화 시키는 등 생활 전반에 걸쳐 오랜 동안 불교 문화의 영향을 받아 왔다. 그러므로 불교가 뿌리 내리고 홍성하기 이전과 불교를 받아들이기 시작할 당시의 초기작품은 색다른 느낌을 준다.

신라에 불교가 처음 들어 온 때는 제 19대 눌지왕(訥祗王) 대이며 이차돈(異次頓)의 순교를 통하여 그 다음해 (528년)부터 본격적으로 호국 불교를 표방하면서 법흥왕 대에 이르러서는 정식으로 불교의 입지를 공인하기에 이른다.

불교를 신라에 전파한 인물은 묵호자(墨胡子 : 아도(我道 · 阿道))라는 중이다. 그는 고도령(高道寧)이란 고구려 처녀가 사신으로 온 위(魏)나라 아굴마와의 불륜 관계에서 태어난 인물이다. 어머니 고도령은 아도를 출가시켜 불가의 길을 걷게 만들었으며, 총명한 그는 아비를 찾아 위나라로 들어가서 현창화상에게 불법을 받아 가지고 어머니의 나라 고구려로 돌아오게 된다. 고도령은 아들에게 신라로 가서 실패를 거듭하게 되더라도 반드시 구원의 불길이 타오를 날이 올 것이니, 그 때까지 참고 불사를 일으켜야 한다고 말하였다. 아도는 즉시 신라 계림으로 가서 불법을 전하며 한편으로 왕궁에 들어가 설법할 것을 간청하였다. 그 당시로서는 해괴 망측할 수밖에 없었던 탁발승 차림의 사내가 신묘한 법을 강론하겠다니 미추왕(味鄒王)과 대신들은 황당하여 그를 죽이려 했다. 위기를 당한 아도는 구사일생으로 탈출하여 모례(毛禮)의 집에 3년간 피신생활을 하는데 성국(成國)공주가 불치의 병으로 위독하다는 말을 듣고 즉시 대궐로 뛰어가 치료하니 왕은 너무 기뻐서 아도에게 평생의 소원을 묻자 「부족한 중은 아무것도 바라는 바가 없습니다. 오직 천경림에 절을 짓고 불교를 크게 일으켜서 국가의 태평성대를 기원할 수 있기를 바랄 뿐입니다.(貧道百無所求 但願創佛寺於天鏡林 大興佛教 奉福邦家爾 : 빈도백무소구 단원창불사어천경림 대흥불교 봉복방가이)」라고 대답하였다. 그래서 흥륜사(興輪寺)를 짓게 되었는데 그 당시 질박하고 검소한 풍속에 따라 절다운 절을 건축하지 못하고 겨우 비바람을 가릴 정도의 띳집을 엮었다. 미추왕이 죽자 백성들이 몰려와서 절을 헐고 아도를 죽이려 하자, 아도는 급히 모례의 집으로 쫓겨와 스스로 무덤을 파고 들어가 자진했다는 〈아도화상 비문〉의 내용은 신라에 불교가 전래될 당시의 기록이다. 아도가 죽자 불교는 다시 쇠퇴하기 시작했는데, 제 23대 법흥왕이 즉위하자 다시 불교를 일으키니 이것이 아도의 어머니 고도령이 아도를 신라로 보낼 때 아들에게 예언한 3천여 개월이 되는 때라고 한다.

그러나 한편으로는 불교의 최초 전래는 눌지왕(訥祗王) 대이고 양(梁)나라의 사신이 가지고 온 의복과 향(香)에 대해 잘 몰라 방방곡곡 다니며 새로 들어온 문물의 이름과 용도를 묻게 했는데 묵호자(아도)의 설명으로 그 문제가 해결되었다. 그리고 공주가 불치의 병으로 사경을 헤맬 때 아도를 불러 향불을 피우고 기도하여 완치시키는 등의 이적을 나타내었기 때문에 별로 큰 핍박을 당하지 않고 포교했다는, 약간 상이한 기록도 보인다.

그 외에도 많은 기록에서 사소한 차이점이 나타나고 있지만 그럼에도 불구하고 불교 유입 당시의 많은 핍박과 우여곡절을 이기고 불교를 중흥시킨 여러 인물들의 영욕을 기리는 시가 있다.

雪擁金橋凍不開 (설옹금교동불개)
鷄林春色未全廻 (계림춘색미전회)
可怜青帝多才思 (가령청제다재사)
先著毛郎宅裏梅 (선저모랑택리매)

— 작자 미상

〔해 설〕

금교에 눈 쌓여 언 겨울이 한창이니
계림에도 봄빛이 온전할 리 없네
미쁘다 봄의 화신 재주도 많아라
제일 먼저 모랑의 집 뜰에 매화꽃을 피워 놓았네.

아도의 신라 포교 활동의 근거지가 된 모랑(모례)의 집에 가장 매화를 먼저 피운 것은 하늘의 축복이라고 찬송하는 노래다.

한편, 고구려에 불교가 전래된 때는 제 17대 소수림(小獸林)왕 즉위 2년이다.

중국 동진(東晋) 때 전주(前奏)의 왕 부견(符堅)이 사신과 중 순도로 하여금 불상과 경서를 보냈으며 소수림왕 4년에 아도가 동진에서 왔고 이듬해인 5년 2월에는 초문사〔肖門寺 또는 성문사(省門寺)〕라는 절을 세워 순도에게 맡기고 또 이불란사(伊弗蘭寺)라는 절을 세워 아도에게 맡기니 이로부터 고구려에 불법이 전래되어 일어나기 시작한 것이다. 그때 당시 고구려의 도읍은 국내성(國內城)으로, 현재는 만주 집안현〔輯安懸 : 『삼국유사』에는 〈해동고승전(海東高僧傳)〉에 안시성(安市城)이라고 기록한 것은 오기라고 밝힘〕의 통구(通溝)로 압록강 북쪽이다. 그 압록강을 건너 불법을 포교하기 위해 들어오는 사역승들을 찬양한 노래가 있다.

鴨綠春深渚草鮮 (압록춘심저초선)
白沙鷗鷺等閑眠 (백사구로등한면)
忽驚柔櫓一聲遠 (홀경유로일성원)
何處漁舟客到烟 (하처어주객도연)

— 작자 미상

〔해 설〕
압록강엔 봄이 깊어 물풀이 싱싱하고
백사장 갈매기는 한가로운 낮잠일세
홀연히 들리는 노 젓는 소리 멀리서 놀라게 하더니
어디서 온 어선인지 어느새 손님을 도착시켰네.

손님이 부지런히 압록강을 건너왔다는 것은 아도나 순도 같은 포교

승들이 그들의 사역 활동을 부지런히 하여 불자들의 수를 넓혀 가는 모습을 의미한다고 볼 수 있다.

마지막으로 백제의 불교 유입은 제 15대 침류왕(枕流王)이 즉위하던 해, 동진의 중인 마라난타(摩羅難陀)에 의한 것이다.

마라난타가 온 다음 해, 도읍인 한산주(漢山州)에 절을 짓고 나라에서 자격을 인정해 준 이른바 공인을 받은 득도승 열 사람을 둠으로써 백제의 불법을 일으킨 시초라고 한다. 그후 제 17대 아신왕(阿莘王)이 즉위하자 그 해 2월에 불법을 믿고 숭상하여 복을 구하라고 했다하니 이 때부터 불교가 흥하고 발전되기 시작한 것으로 보이는데 백제 불교 전래의 모든 사역 과정을 기리는 시가 생기게 된 것이다.

天造從來草昧間 (천조종래초매간)
大都爲伎也應難 (대도위기야응난)
翁翁自解呈歌舞 (옹옹자해정가무)
引得傍人借眼看 (인득방인차안간)

— 작자 미상

〔해 설〕
하늘의 조화가 태초엔 혼미하여
인간의 능력으론 대응하기 어렵 없네
노인들은 자진하여 춤과 노래로
다른 사람 인도해 와 눈으로 확인케 하네.

이 노래는 신자를 통하여 불신자에게 불법을 널리 전하고 알리기 위해 마라난타가 하늘(불법)의 힘으로 이적을 행하여 사람들에게 포교하는 놀라운 장면을 찬미한 노래로 보인다.

연회찬가(緣會讚歌)

명망 높은 중 연회(緣會)는 오래 전부터 영취산에 숨어 살며 늘 연경(蓮經)을 읽어 보현 보살의 선정(禪定), 정진(精進)을 닦아 불과에 이르려고 수행하였다. 정원 연못에는 항상 연꽃 몇 송이가 피어 사시사철 시들지 않았다.

원성왕(元聖王)이 그의 상서롭고 기이한 행적에 대해 듣고 그를 불러 국사로 삼으려고 했다. 연회는 그 소식을 접하자 암자를 버리고 도망갔다. 서쪽으로 나 있는 바위 고개 사이를 넘을 때 한 노인이 밭갈이를 하고 있다가 스님에게 어디로 가느냐고 물으니 대답하기를 「소문으로 들으니 나라에서 잘못 알고 내게 관작을 주어 얽매려 하니 그것을 피해 숨으려는 것이요.」라 하였다.

노인이 듣고 「어차피 이름이 팔려 관작을 거부할 수 없을 텐데 가까이서 팔 일이지 굳이 수고스럽게 멀리까지 가서 팔려하십니까? 스님이야말로 이름 팔기를 싫어하지 않는다고 하겠습니다.」

연회는 늙은이가 사람을 너무 무시는 것이라며 말을 듣지 않고 몇 리쯤 더 갔을 때였다. 시냇가에서 한 노파를 만났는데 그 역시 어디로 가느냐고 묻는고로 밭갈이 노인에게 말한 대로 대답하였다. 노파는 「조금 전 앞에서 사람을 만났습니까?」하고 물으니 연회가 「한 노인을 만났는데 나를 심히 깔보기에 너무 불쾌해서 이렇게 오고 있습니다.」라고 대답하였다.

「그분이 바로 문수보살이신데 말을 듣지 않았으니 어찌하시겠습니까?」

이 말을 듣고 연회는 놀랍고 송구스럽기도 하여 급히 노인에게 되돌아가 머리를 조아리고 사죄하였다. 「성인의 말씀을 감히 듣지 않고 갔다가 이제야 다시 돌아 왔습니다. 그런데 그 시냇가의 노파는 누구십니까?」하고 물으니, 노인은 「그는 변재천녀(辯才天女)이니라.」고 대답하고 어디론가 숨어 버렸다.

연회가 암자로 되돌아오니 잠시 후에 왕이 보낸 사자가 와서 부르매, 연회는 고사할 일이 아니었다는 것을 깨닫고 순순히 입궐하니 왕은 그를 국사로 봉했다.

인간의 힘으로 피할 수 없는 운명적인 것을 거역하는 것은 그야말로 부처님 손바닥을 벗어나려는 손오공처럼 우매한 자라는 것이다. 연회가 뒤늦게나마 자만심을 버리고 순종의 길을 선택한 것은 자신을 필요로 하는 곳에 기꺼이 몸을 던지는 것도 고명한 중이 할 일이라는 것을 깨달았기 때문이었다. 그러므로 은둔자 연회가 불도만 닦으려한 것이 수행의 전부가 아니라는 진리를 깨닫고 세상으로 나오게 된 것을 노래로 칭송하였다.

倚市難藏久陸沈 (기시난장구륙침)
囊錐旣露括難禁 (낭추기로괄난금)
自緣庭下靑蓮誤 (자연정하청련오)

不是雲山固未深 (불시운산고미심)

— 작자 미상

〔해 설〕

저잣거리에선 이름난 이가 오래 숨어 못살고
주머니 속 송곳 끝은 감추기 어렵네
뜰 아래 연꽃으로 인하여 세상 일로 나갔네
운산(雲山)이 깊지 않은 탓은 아닐세.

마치 송곳을 주머니에 감추려고 해도 예리한 끝이 자꾸 밖으로 뚫고 나오므로 감추기 어렵듯이 어질고 빼어난 인물은 아무리 숨으려고 해도 숨어지지 않는다는 것이다. 연회가 아무리 은둔하여 불자의 외길로만 가려고 해도 세상이 그를 필요로 하는 훌륭한 법사이기 때문에 불가능하여 도로에 그칠 뿐이라는 뜻이다.

앞으로 「처용가」에서 다시 살펴보겠지만 헌강왕은 동해의 용이 조화를 부려 해코지를 해오지 못하도록 망해사(望海寺)를 지어 주고 달랬는데 그곳은 지금의 울산에 있는 영취산(靈鷲山) 기슭이라고 한다.

그 영취산에는 기이한 중 낭지(朗智)가 법흥왕(BC 527) 대에 입산수도를 시작하였는데 그의 제자 지통(智通)이 처음 찾아와 귀의한 때가 문무왕 원년(BC 661)인데 그 당시까지 거의 135년을 조용히 숨어서 생활 해왔지만 모든 향읍 사람들이 그의 신변에 대해 잘 알지 못했다.

『영취산기(靈鷲山記)』에는 낭지 자신이 살던 절 혁목암〔赫木庵 : 혁목사(赫木寺)〕 터에 대해 고증하기를 「이 암자 자리는 가섭불(迦葉佛) 때의 절터로 땅을 파서 등홍(燈虹 : 등잔) 두 개를 얻었다.」는 것과 원성왕 때 국사가 된 연회가 이 (영취)산 속에 살며 낭지의 전기를 지은 일에 대한 두 가지 기록이 보인다는 것이다. 그리하여 고매한 불자로서 원효와 지통의 스승인 낭지는 연회의 전기를 쓸 정도로 그를 사사하고 사모하였던 것으로 보인다. 그래서 연회를 찬양한 노래를 통해 볼 때 대부분이 낭지 자신의 행적과 매우 흡사하게 기록돼 있다.

想料嵓藏百歲間 (상료암장백세간)
高名僧未落人寰 (고명승미낙인환)
不禁山鳥閑饒舌 (불금산조한효설)
雲馭無端洩往還 (운마무단설왕환)

돌이켜 생각하니 숨어서 백년인데
고명하심 일찌기 세상 사람들 몰랐는데
산새들이 할 일 없이 조잘거림 막지 못해
구름 타고 오가는데도 알려지고 말았다네.

2. 사랑과 우정의 노래, 향가

서동요(薯童謠)

백제 제 30대 무왕(武王)의 어머니는 과부로 서울〔사비성(부여)의 남지변(南池邊 : 남쪽 연못 가) 또는 전북 익산의 마룡지(馬龍池)〕에 살았다. 그녀는 연못에 사는 용과 정을 통하여 낳은 아들의 첫 이름을 장(璋)이라 하였다. 장이 자라 소년이 되자, 평소 마〔서여(薯蕷): 약재로 쓰는 산마〕를 캐다가 팔아서 생계를 꾸려 가는데 그로 인하여 사람들이 아명(兒名)을 서동(薯童 : 마를 다루는 아이)이라고 하였다.

그는 기지가 있고 도량이 넓은 사람으로 신라 진평왕(眞平王)의 셋째 딸 선화(善花 : 善化)공주가 절세미인이라는 소문을 듣고 마음에 품은 바가 있어 삭발을 하고 서울(신라 · 경주)로 들어갔다.

우선 마를 가지고 동네 아이들에게 나누어 주며 선심을 쓰니 곧 친해져 잘 따르게 되자, 서동은 아이들에게 자신이 지은 「서동요」를 가르쳐 주며 부르고 다니도록 회유하였다.

〔이두 원형문〕

善化公主主隱 (선화공주주은)

他密只嫁良置古 (타밀지가량치고)

薯童房乙 (서동방을)

夜矣卯乙抱遣去如 (야의묘을구견거여)

—서 동

〔한역 원형문〕

선화공주(善化公主)니믄

남 그스지 얼어 두고

맛둥방을

바메 몰 안고 가다

〔해 설〕

선화공주님은

남 몰래 정을 통하려(랴)고

서동의 방으로

밤에 몰래 안겨 가네.

이 노래가 차차 널리 퍼져 대궐까지 들리니 신하들은 염문에 말려든 선화공주를 먼 곳으로 귀양보내야 한다고 왕에게 강력히 간하였다.

사건의 진상과 관계없이 귀양살이를 면할 길 없게 된 선화공주가 먼 길을 떠나기 앞서 왕후는 순금 한말〔一斗〕을 노자로 주었다.

공주가 귀향처를 향하여 가는 도중에 서동이 나타나 절하며 호위할 것을 자청하니, 정체나 근본은 잘 모르지만 호감이 생기고 믿음이 가는고로 동행하며 남 몰래 은밀히 통정하게 되었다. 그가 곧 서동이란 것만 알게 되었을 뿐 한편의 각본처럼 짜여진 그의 계책이란 사실은 까맣게 모른 채 그저 동요의 내용대로 잘 맞아떨어지고 있음을 신기하게 여겼다.

서동을 따라 백제로 온 공주는 모후가 준 금으로 생계를 꾸리려하자 서동이 가가대소하며 물었다.

「이게 무엇입니까?」

「이것은 황금입니다. 평생 부를 누리며 살아갈만 합니다.」

이 말을 듣고 서동이 말하기를

「오래 전부터 내가 마를 캐던 곳에는 그런 것을 흙덩이처럼 많이 쌓아 두었소.」

공주가 그 말을 듣고 매우 놀라며

「그것은 이 세상에서 가장 값진 보물이니, 당신이 그 곳을 지금도 기억하고 있다면 그 보배를 부모님 계신 궁전으로 보내면 어떻겠습니까?」

서동은 공주의 말에 따라 금을 모아 산더미처럼 쌓아 놓고 용화산(龍華山 : 익산의 미륵산) 사자사(師子寺)의 지명법사라는 중에게 금을 옮길 방도를 자문하였다.

「내가 신통력으로 금을 운반할 것이니 금을 가져오시오.」

법사의 말 대로 공주가 서찰과 함께 금을 사자사에 갖다 놓으니 신기하게 하룻밤 사이에 신라의 궁중으로 모두 옮겨 놓았다.

선화공주의 부왕은 신력(神力)을 융통하는 서동의 지혜를 존경하여 늘 서찰을 통해 안부를 묻는 등 단단히 신임하게 되었다.

서동은 차츰 민심을 사게 되어 왕위에 오르니 그가 곧 백제의 무왕이다.

무왕은 어느날 왕후(선화공주)를 대동하고 지명법사가 있는 사자사를 가는 도중 용화산 아래 큰 연못가에 이르렀을 때, 물 속에서 미륵삼

존이 나타나므로 수레에서 내려 예의를 표하였다. 그 때 왕후가 무왕에게 말하기를 이 곳에 큰 절을 창건하는 것이 자신의 소원이라고 하였다.

왕이 좋다하고 지명대사에게 자문하여 신통력으로 하룻밤 사이에 산 하나를 무너뜨려 연못을 매립하고 평지를 만드니 거기에 삼존과 대가람을 조성하고 이름을 미륵사 또는 왕흥사(王興寺)라고 했으며 창건 당시 신라 진평왕이 많은 건축 기술자를 보내 지원하였다고 한다.

여기까지는 『삼국유사(三國遺事)』를 기저로 한 설화의 내용인데 『삼국사기 · 권 제27 무왕 조(三國史記 · 卷 第二十七 武王 條)』에는 약간 상이한 기록을 보인다.

〔武王 …法王之子…法王卽位翌年薨, 子嗣位. 三年, 秋八月, 王出兵圍新羅阿莫山城(一名 母山城), 羅王眞平遣精騎數千拒戰之, 我兵失利而還 : 무왕…법홍왕즉위익년홍, 자사위. 삼년, 추팔월, 왕출병위신라아막산성(일명 모산성), 나왕진평견정기수천거전지, 아병실리이환〕이란 기록으로 볼 때 다음과 같다.

첫째는 「무왕의 아버지는 백제 법왕으로 즉위 다음 해에 죽으니 아들이 승계 하였다.」 그리고 둘째는 「무왕 3년 8월에는 왕이 신라의 아막산성(阿莫山城)을 포위했다. 신라의 진평왕이 잘 훈련된 기병 수천명으로 맞서 싸우니 우리(백제) 군사가 패하여 되돌아왔다.」는 것이다.

이 기록으로 볼 때 무왕의 근본이 용과 상간한 일개 과부의 몸에서 난 서민계급 출신이라는 허무맹랑한 기록이 아닌, 보다 사실적 기록으로 백제 법왕의 친자라는 점이 신빙성을 갖게 한다. 그리고 무왕이 진평의 부마가 아닌 숙원 관계로 돼 있으며 즉위 42년 죽을 때까지 신라와 수없이 많은 국지전을 해 온 적대 관계라고 볼 수 있다. 그러므로 진평왕과 무왕은 같은 시대의 인물이 아니며 무왕 32년에 창건한 왕흥사(王興寺)의 기록이나 출신성분에 관한 정확한 사실은 미상이라 해야 옳을 것이다.

어떻든 선화 공주와 서동의 결혼에 얽힌 국가간의 통혼 문제는 다음과 같은 기록을 들어 정의하고 있다.

「동성왕 15년 봄 3월에 신라에 사신을 보내어 청혼하니, 신라왕은 이손(찬) 비지의 딸을 시집 보냈다.(東城王,…十五年, 春三月, 王遣使新羅請婚, 羅王以伊飡比智女歸之 : 동성왕…십오년, 춘삼월, 왕견사신라청혼, 나왕이이찬비지녀귀지)」『三國史記』· 卷 26 東城王 條 (『삼국사기』· 권26 동성왕 조)

그러니까 지금까지 선행 연구자들은 대부분 「서동요」가 갖는 의미에 대해 이렇게 간주하고 있다. 즉 백제 24대 동성왕(東城王) 때 신라와 통혼한 사실을 로맨스화한 노래일 것이며, 이 노래의 작자로 돼 있는 30대 무왕은 혼사길을 처음 튼 동성왕의 아들 25대 무령왕(武寧王)일 것이란 견해(李丙燾 · 解題『三國遺事』: 이병도 · 해제『삼국유사』)를 따르고 있다.

그런데 이 「서동요」와 같이 여론을 불러 일으킬 목적으로 만든 노래를 참요(讖謠)라고 하는데 이는 여러 곳에서 찾아 볼 수 있다.

원효(元曉)대사의 속성은 설(薛)씨로 아명은 세당〔誓幢 또는 신당(新幢)〕이라 했다. 그의 어머니 꿈에 유성 하나가 품 속으로 들어오더니 그 때부터 이내 태기가 있었으며 해산할 즈음에는 오색구름이 온 땅을 덮더니 신라 진평왕 39년 정축년에 낳았다. 어려서부터 총명하고 워낙 뛰어나 스승을 좇아 배우지 않았다. 그가 어느 날 춘정이 동하여 평소에 볼 수 없었던 모습으로 거리에 나와 노래를 불렀다.

誰許沒柯斧 (수허몰가부)
我斫支天柱 (아작지천주)

누가 자루 없는 도끼를 내게 빌려 주겠는가
(도끼를 얻으면) 하늘을 떠받칠 기둥을 만들(찍)어 보리라.

사람들은 그 노래의 뜻을 아무도 이해하지 못했는데 태종 무열왕(김춘추)이 이 노래를 듣고「이 법사가 필시 귀부인을 얻어 귀한 아들을 얻고자 하는구나. 나라에 큰 인물이 태어나게 되면 이보다 더 좋은 일이 없을 것이다.」고 하였다.

이 때 요석궁(瑤石宮)에 홀로 된 과부 공주가 있어서 왕이 궁리에게 명하여 원효를 찾아가 그녀와의 결혼을 허락하니 데려 가도 좋다는 말을 전하라고 했다.

궁리가 왕명을 받고 원효를 찾아갔으나 그는 이미 남산에서 내려와 문천교〔蚊川橋 또는 유교(楡橋 : 느릅나무 다리)〕를 지나가고 있을 때 만나게 되었다. 이 때 원효는 일부러 얼른 물에 빠져서 옷을 적셨다. 궁리가 원효를 요석궁으로 데리고 가서 옷을 벗겨 말리며 쉬게 했다. 그로부터 공주는 태기가 있더니 마침내 설총(薛聰)을 낳았다. 이 사건은 시종일관 무열왕의 각본에 의해 연출되었다고 하는데, 요석궁으로 들어가 옷을 벗어 말리고 쉬었다는 것을 바꾸어 말하면 도끼자루(원효 : 남자의 그것)를 자루 없는 도끼(공주 : 여성의 그것)에 박으니(두 남녀의 성 관계) 도끼가 제 기능(여성의 생산력)을 발휘하여 훌륭한 동량재(설총)를 깎아 만들(낳을) 수 있게 된 것이다.

고매한 대사가 성적 대상으로 여성을 만난다는 것은 상식 밖의 일로 파계승에게서나 볼 수 있는 추행으로 도저히 용납이 안되지만 바람결에 떠도는 참요나 여론은 거역하기 어려운 불가항력의 신비성을 인정받아 기정 사실로 간주된다. 그런 괴력을 발휘하는 참요는 그 내용이 제아무리 상식적으로 이해가 안되고 무리한 요구라 해도 무기력한 인간으로서는 참요의 뜻을 긍정적으로 받아들여 실행에 옮기지 않을 수 없었다. 앞서 「해가」에서 어느 노인이 나타나 수로부인을 되찾기 위해서는 「주위 사람을 모아 합심으로 노래를 지어 불러라…」고 일러 준 것도 역시 참요의 위력을 백분 활용하라는 뜻이었다.

배경을 바꾸어 후백제 내란 때 견훤(甄萱)에 얽힌 참요는 패륜아 일당을 부추겨 천인공로할 혈육상잔의 역모를 성공시키는 무서운 괴력을 보여 주고 있다.

견훤은 슬하에 신검(神劍), 용검(龍劍), 양검(良劒) 세 아들에게 「내가 신라 말에 후백제를 세운 지 오래이므로 북쪽 고려 군사의 2배나 되는 병력을 가지게 되었음에도 불구하고, 오히려 싸워서 이긴 적은 한번도 없으니 필경 하늘이 고려를 돕는 것이다. 그러니 어찌 고려왕에게 귀순하여 생명을 보전하지 않을 수 있겠느냐?」고 말하니 이구동성으로 모두 반대하였다.

양검은 강주도독(康州都督), 용검은 무주도독(武州都督)으로 있고 신검은 아버지 견훤 곁에 남아 있었는데 이찬 능환(能奐)이 강주와 무주로 각각 사람을 보내어 모의하고 신검까지 가담시켜 견훤을 축출하기에 이르렀다. 그들은 견훤을 지금의 전북 옥구군에 있는 금산사(金山寺) 불당에 가두고 신검은 자칭 대왕이라 하고 나라의 모든 죄수들을 사면해 주겠다는 등 온갖 감언이설을 퍼뜨리며 반역 모의를 착착 진행시키고 있었다.

그때 견훤은 잠자리에 들어 있었는데 멀리 대궐 뜰에서 고함소리가 들려오므로 영문을 몰라 놀라며 아들에게 묻자, 신검이 말하기를 「아버지께서는 지나치게 고로(매우 나이가 많아) 하셔서 정사에 어두우시므로 장자인 소신(신검 자신)이 왕위를 승계하게 되었다고 여러 장수들이 기뻐하는 환호의 소리입니다.」라고 아뢰었다.

잠시 후에 견훤은 반도들의 계획 대로 대궐을 떠나 금산사 불당으로 압송되어 파달(巴達) 등 30 명의 장사들에 의해 간힌 몸이 되었는데 그때 들려온 「완산요(完山謠)」는 이러했다.

可憐完山兒 (가련완산아)
失父涕連洒 (실부체연세)

불쌍한 완산 아이
아비 잃고 한없이 눈물 짓네

완산주의 백성들이 견훤의 폐위를 슬퍼한다는 뜻이거나, 아니면 아들이 아버지를 반역하여 왕권을 찬탈한 천인공노할 사건을 은폐하기 위해서 아버지 견훤이 어떤 다른 세력에 의해 폐위되었으니 자식들은 마땅히 통곡하고 있다는 것을 널리 알려 반역사실을 위장하기 위해 부른 두 가지 뜻의 노래로 해석되는 참요라고 볼 수 있다.

이 노래는 「도천수관음가」가 향가중의 유일한 동요인 것처럼, 고대인들의 보통 시가〔漢詩〕 가운데 유일한 동요이면서 참요라는 데 주목할만 하다.

그 밖에도 예언적, 저항적, 경고적 기능과 중의를 리드하는 위력을 가지고 은어나 상징적 언어를 활용하여 떠도는 노래, 참요는 신라 경문왕 때 「임금님 귀는 당나귀 귀」, 고려말 이성계의 조선창업과 한양천도를 무리 없이 수용시키기 위한 「목자요(木子謠)」 등, 역사적으로 시대의 필요에 따라 노리는 효과와 목적이 은폐된 채 떠돌아 다닌 노래는 수없이 많다.

옛 사람들은 이 참요에 잘못 걸려들면 비등하는 여론에 몰려 패가망신하게 된다는 피해 의식 때문에 그런 구설수에 말려들지 않으려고 심지어는 쑥덕공론의 대상이 되는 것조차도 전전긍긍하며 극구 기피하고 경계하였던 모양이다.

중국의 『시경 · 용풍(詩經 · 鄘風)』에 실린 한시 「장중자(將仲子)」 제 3장의 글을 보면 두 연인이 꿈꾸는 달콤한 사랑의 세계를 여러 사람의 오해와 여론으로 망치고 싶지 않아 애태우는 심정이 너무나 잘 드러나 있다.

將仲子兮 (장중자혜)
撫踰我園 (무유아원)
無折我樹檀 (무절아수단)
豈敢愛之 (개감애지)
畏人之多言 (외인지다언)
仲可懷也 (중가회야)
人之多言 (인지다언)
亦可畏也 (역가외야)

(내 사랑)장중자여!
우리 집 동산으로 오지 말아요
우리 집 박달나무 가지를 꺾지도 말아요
어찌 그따위 것이 아까워서 그러하겠습니까?
사람들이 수군대는 말 두려울 따름입니다.
그대 사랑 그리워도
수군수군 말 많은 건
역시 두려운 일이거든요.

남의 입방아에 오른다는 것이 얼마나 무서운 일이기에 국경도 초월하고 목숨도 바친다는 위대한 사랑. 그래서 물불도 두렵잖다고 말하는 애정 행위는 고사하고 사랑의 감정까지 억누르고 절제 해야하는 것인지… 그리도 그리운 중자이지만 잦은 출입으로 해서 남의 눈에 발각되는 날! 두 젊은이는 비극의 주인공으로 끝장이 날 수도 있기에 연인의 행동거지를 자제시키는 가련한 여자의 안타까운 심정을 매우 잘 들어낸 노래다.

도천수관음가(禱千手觀音歌)

경덕왕 대에 한기리(漢岐里)라는 곳에 희명(希明)이란 여자가 살고 있었는데 그녀의 5세 된 아들이 이유 없이 갑자기 실명하게 되었다

어느 날 희명은 아이를 안고 분황사 좌전 북쪽 벽에 그려 있는 천수관음(千手觀音) 탱화 앞에 나가서 노래를 지어 아이로 하여금 빌게 했다.

〔이두 원형문〕

膝肹古召旀 (슬힐고조며)
二尸掌音毛乎攴內良 (이시장음모호복내량)
千手觀音叱前良中 (천수관음질전량중)
祈以攴白屋尸置內乎多 (기이복백옥시치내호다)
千隱手叱千隱目肹 (천은수질천은목힐)
一等下叱放一等肹除惡攴 (일등하질방일등힐제악복)
二于萬隱吾羅 (이우만은오라)

一等沙隱賜以古只內乎叱等邪 (일등사은사이고지내호질등사)
阿邪也 吾良遺知支賜尸等焉 (아사야 오량유지복사시등언)
放冬矣用屋尸慈悲也根古 (방동의용옥시자비야근고)

— 희 명

〔한역 원형문〕
무루플 고조며
둘손 바당 모호누아
천수관음(千手觀音)ㅅ 전(前)아해
비살블 두누오다
즈믄손 즈믄눈흘
하달할 노하 하달할 더압디
둘 없은 내라
하단사 그스시 고티누옷다라
아으 나애 기티샬단
노태 쁠 자비(慈悲)여 큰고.

〔해 설〕
무릎 꿇고
두 손 모아
천수관음 앞에
빌어 (기도)올리나이다
(가지고 있는)천의 손에 천(개의) 눈을
하나(만이라도)를 (내)놓아 하나를 덜어(내어)서
둘(두 눈) 다 없는(멀어버린) 저(제 몸)이오니
하나만(이라도) 살며시 고쳐 주옵소서

아아! (눈 뜨는)은혜를 입혀 주신다면
(천개의 눈 가운데 하나만이라도) 내 놓은 자비는 얼마나 클 것인가?

이 노래는 고전 향가에서 오직 하나뿐인 동요 장르의 작품으로 밝은 빛 보기가 소원이라는 뜻을 가진 희명이란 이름의 어머니가 갈망하는 애절함이 담겨 있는 노래다. 그러나 눈을 높이 들어 먼 곳에 있는 자모상을 바라보기 보다 가까운 내 턱 밑 눈앞을 잠시 고개 숙여 내려다보면 5살 짜리 어린 아이가 「도천수관음가」라는 동요를 마음으로 노래하며 두 손을 모으고 기도하는 모습이 눈에 들어온다. 어머니의 입을 빌어 아들의 간절한 마음을 대신한 동요가 부처의 귀를 울리는데 그 서원을 들어주지 않을 무자비가 어디 있겠는가? 이 지고지순한 노래는 불심을 감동시키기에 충분하여, 필연적으로 멀었던 아이의 눈이 광명을 되찾게 되었다하여 그 아름답고 놀라운 기적을 찬미하는 송시를 지은 것이다.

竹馬蔥笙戲陌塵 (죽마총생희맥주)
一朝雙碧失瞳人 (일조쌍벽실동인)
不因大士廻慈眼 (불인대사회자안)
虛度楊花幾社春 (허도양화기사춘)

죽마 타고 파피리 불며 친구와 거리에서 놀더니
하루아침에 두 눈이 멀었네
대사(관음보살)가 자비를 베풀지 않았더라면
얼마나 많은 세월을 버들꽃 피는 (계절의)아름다움을 못보게 됐을까.

원가(怨歌)

신라 효성왕이 아직 왕위에 오르지 않아 동궁으로 있을 때, 궁중 잣나무 밑에서 어질고 착한 선비 신충(信忠)을 마주하고 바둑을 두면서 장차 왕위에 오르면 중용(重用)할 것이라고 말하였다.

「나중에 만일 그대를 잊는다면 여기 같이 서있는 잣나무가 증거 할 것이다.(他日若忘卿. 有如栢樹. : 타일약망경. 유여백수)」라고 하자 신충이 감열하여 벌떡 일어나 절하였다.

몇 달이 지나서 효성왕이 왕위에 오르고 공이 많은 다른 신하들에게는 상을 주면서 신충을 잊고 있었으므로 그만 수상 대상에서 누락 되었다. 섭섭한 신충은 왕을 원망하며 노래를 지어 잣나무에 붙이니 나무가 곧 시들어 버렸다. 왕이 이상스럽게 여겨 사람을 시켜 살펴보라 했더니 신충이 지은 노래를 가지고 와서 바쳤다. 왕은 매우 놀라며 복잡한 정무에 쫓기다 보니, 원망 살 일을 하게되었음을 깨닫고 효성왕 3년 정월에 중시(中侍) 김의충(金義忠)이 죽었으므로 신충을 그 자리에 기용하였는데 그제야 잣나무가 소생하였다.

〔이두 원형문〕

物叱好支栢史 (물질호지백사)
秋察尸不冬爾屋支墮米 (추찰시불동이옥복타미)
汝於多支行齊敎因隱 (여어다복행제교인은)
仰頓因面矣改衣賜乎隱冬矣也 (앙돈인면의개의사호은동의야)
月羅理影支古理因淵之叱 (월라리영복고리인연지질)
行尸浪 阿叱沙矣以 如支 (행시랑 아질사의이복여복)
兒史沙叱望阿乃 (아사사질망아내)
世理都 之叱逸烏隱第也 (세리도 지질일오은제야)

— 신 충

〔한역 원형문〕

믈흿 자시
가살 안달 이우리 디매
너 엇뎨 니저 이신
울월던 나치 겨샤온대
닰 그림제 녯 모샛
녈 믌 결 애와티닷
즛사 바라나
누리도 아쳐론 뎨여.

〔해 설〕

무릇(대개) 잣나무(잎)는
가을에도 시들지 않듯이
너를 어찌 잊을까 보냐고 (말씀)하신
우러러 보던 (임금의)모습이 계시던

달 그림자 (감상하던) 옛 못에는
흐르는 물결 소리 슬퍼하듯
얼굴은 더러 뵌다 해도
세상은 애처롭(한스럽)기만 하구나.

이 노래의 후(렴)구가 전해지지 않고 있다는 기록으로 보아 당초에 뒤이어 지는 가사가 더 있었던 것 같다. 이 노래가 알려지자, 신충에 대한 각별한 총애가 32대 효성왕 당대에 이어 35대 경덕왕에 이르기까지 이어졌다.

신충은 경덕왕 22년에 두 친구와 굳게 약속하고 벼슬을 버린 후 남악(南岳 : 지리산)으로 들어가 두 번이나 국가의 부름을 받았지만 머리를 깎고 중이 되어 다시는 환속치 않고, 지금의 경상남도 산청군 단성면 동쪽에 단속사(斷俗寺)라는 절을 짓고 절의 이름이 뜻하는 그대로 속세와 인연을 끊고 살았다. 신충은 여생을 산 언덕과 골짜기에 은거하며 오직 임금의 복을 빌기 원하므로 왕도 마침내 허락하고 말았다. 그래서 신충이 있던 금당 뒷벽에는 왕의 진영(眞影)이 늘 모셔져 있었다.

신충이 벼슬을 버리고 떠난 시기에 대해서 『삼국사기 · 제 9권(신라본기 9)』에는 경덕왕 22년 4월에 상대등(上大等)이라 하는 수상 자리에 있던 신충과 국가 재정을 맡은 집사성의 장관에 해당하는 시중(侍中)이란 직위에 있던 김옹(金邕)이 사면했다고 돼 있다.

그런데 한편으로는 같은 시기에 이준〔李俊 또는 이순(李純)〕이란 총신이 하루아침에 홀연히 세간을 떠나 심산 계곡으로 들어갔다. 왕이 여러 번 돌아올 것을 종용하였으나 듣지 않고 삭발위승이 되어 왕을 위해 단속사를 세우고 살았다는 기록은 신충의 족적과 상충되는 부분으로 어느 쪽이 정설인지는 확인할 수 없다.

이와 같이 단속사에 대해 또다른 기록이 단편적으로 보이나 충분한 설명이 없어 「원가(怨歌)」를 지은 신충의 괘관(掛官 : 벼슬을 버림)이란 설화에 비해 거리가 먼 것만은 사실이다.

어떻든 「원가」를 짓게 된 동기는 신하에 대한 왕의 사랑과 신의, 그리고 그 왕에 대한 참된 신하의 충절이 넘쳐 군신유의의 도리가 살아있는 아름다운 마음에서 시작된 것이니 노래로써 마땅히 칭송되어야 옳을 것이다.

功名未已鬢先相 (공명미이빈선상)
君寵雖多百歲忙 (군총수다백세망)
隔岸有山頻入夢 (격안유산빈입몽)
逝將香火祝吾皇 (서장향화축오황)

공명은 다하지 못했는데 구레나룻 먼저 세고
임금 총애 넘치나 받자올 날 모자라네
저 언덕 먼 산이 꿈에 자주 보이나니
(입산수도 하며)향불 피워 왕의 복을 빌으리라.

「원가」는 시종일관 왕이 신하를 사랑하고 신하가 왕에게 충성을 다하는 화랑의 세속오계 중 제일로 꼽는 사군이충(事君以忠) 정신과 오륜행실의 군신유의(君臣有義) 정신을 바탕에 깔고 만든 노래인 것에 반하여, 간신들에 의해 분별력이 흐려진 왕으로 하여금 무고하게 일방적으로 배척당한 문신의 참담한 처지를 울부짖은, 그야말로 진정 원가다운 원가라 할 수 있는 왕거인(王居仁)의 「분원시(憤怨詩)」가 있다.

때는 신라 제 25대 진성(眞聖)여왕 시대였다. 여왕이 즉위한 지 몇 년이 되자, 유모 부호(鳧好)부인과 그의 남편 위홍잡간(魏弘匝干) 등 3·4명의 총신들이 권력을 잡고 좌지우지함으로 정사가 어지러워지고 기강이 흩어져 여기저기서 도적 떼가 봉기하였다. 백성들이 나라의 장래를 근심스러워하며 주문을 은어로 지어 전단처럼 만들어 거리에 뿌렸는데 그 내용은 이렇다.

南無亡國 刹尼那帝 判尼判尼蘇判尼
于于三阿干(者言三四寵臣) 鳧伊娑婆訶
〔남무망국 찰니나제 판니판니소판니
우우삼아간(자언삼사총신) 부이사파사〕

이 은어로 쓴 주문 역시 「서동요」에서 이미 언급한 바와 같이 참요와 같은 효과를 노리는 글로써, 누구나 쉽게 읽지 못하게 하여 세인의 호기심과 의구심을 불러일으켜 정치가 썩어 가는 사태에 관심을 갖게 하고 경계심을 촉발시키기 위한 것임은 물론, 조정에 대해서는 경종을 울리는 양대 효과를 꾀하기 위한 글로 볼 수 있다. 그러므로 이 글은 어렵게 해독되었으리라고 보는데 그 주문의 뜻은 결국 이렇게 해석되었다.

찰니나제(刹尼那帝)는 진성여왕, 판니판니소판니(判尼判尼蘇判尼)는 두 사람의 소판이(蘇判尼 : 신라 관등 제 3위의 관직)를, 우우삼아간(자언삼사총신)〔于于三阿干(者言三四寵臣)〕은 유모의 남편 위홍을 비롯하여 3·4명의 총신을, 부이(鳧伊)는 여왕의 유모인 부호를 말하는 것이라 한다. 그 당시 신라 국법은 여왕의 결혼을 엄금하였음에도 진성여왕은 위홍과 통정하는 등, 과감하게 인간의 본성으로 돌아가 최초의 섹스 스캔들을 낳은 여왕이기도 했다. 마음에 드는 성적대상과 즐기다보니 정치에 등한해질 수밖에 없었을 것이다. 그러니까 이 나라 신라는 여왕의 정치적 파행과 위에 나열한 여러 간신들 때문에 망하지 않을 수 없다는 뜻이 담긴 저주의 글이다.

왕과 신하들은 이와 같이 난해한 주문을 독해한 다음, 결론 내리기를 「이는 왕거인이 아니면 그 누구도 지을 수 없는 글이다.」라 말하고 불문곡직 그를 옥에 가두었다.

왕거인은 글 잘 쓰는 문신으로 명문장가라는 것이 죄라면 죄일 뿐, 무고하게 역신의 누명을 쓰고 감금되니 「분원시」를 지어 하늘을 우러러 결백을 호소했다.

燕丹泣血虹穿日 (연단읍혈홍천일)
鄒衍含悲夏落霜 (추연함비하락상)
今我失途還似舊 (금아실도환사구)
皇天何事不垂祥 (황천하사불수상)

연단(燕丹)의 피눈물에 무지개가 해(日)를 뚫고
추연(鄒衍)의 머금은 슬픔, 여름에도 서리를 내리게 하네
지금의 내 신세 옛적 그와 같은데
황천은 어찌하여 대답이 없단 말인가?

중국 춘추 · 전국 시대의 고사를 인용한 것인데, 그 당시 연(燕)나라 태자 단(丹)은 한때 진(秦)나라에 인질로 잡혀 갔다가 몰래 도망쳐 돌아왔다. 진나라가 주변국을 멸망시키고 강국으로 떠오르게 되자, 그 화가 장차 연나라에 미칠 것을 두려워 한 나머지 자객 형가(荊軻)를 보내어 일찌감치 진나라 왕을 죽이려다 이루지 못했다. 오히려 이것이 화근이 되어 진나라의 공격을 받게 되자 연나라 왕은 수습차원에서 아들의 목을 베어 진나라에 보내게 되었으며 그 처사는 아들 단의 입장

에서 볼 때 하늘을 찌를 만큼 억울하여 통분하지 않을 수 없었다.

그리고 추연(鄒衍) 역시 전국 시대에 제(齊)나라 사람으로 연나라의 소왕(昭王)이 스승으로 모셔다 섬긴 인물인데, 아들 혜왕(惠王)이 즉위하자 간신들의 참소를 듣고 그를 무고하게 투옥시키자 원한이 사무쳐 한여름인데도 서리가 내렸다는 두 고사를 인용하여 왕거인 자신의 투옥은 어불성설이며 하늘이 격노할 일이라고 울부짖고 있다.

이렇듯 어느 역사에서나 용군(庸君)과 현신들 사이의 갈등은 피를 부르고 분원의 노래를 부르게 했으며 성군과 현신 사이의 경애심은 백성들로 하여금 격양가를 부르게 했다.

모죽지랑가(慕竹旨郎歌)

진덕왕 때 사람 술종공(述宗公)이 삭주도독사가 되어 부임할 당시, 삼한에서는 병란으로 어수선한 시국이었기 때문에 기마병 3천명으로 하여금 호송하게 되었다. 부임 행렬이 죽지령(竹旨嶺 : 지금의 죽령으로 추측함)에 이르렀을 때, 한 중이 그 고갯길을 닦고 있어 술종공이 칭찬하니 중도 공의 위세가 훌륭함을 알고 존경스럽게 여기며 서로의 마음이 통하는 바가 되었다.

공이 부임한지 한 달이 지났을 즈음, 어느 날 밤 몽중에 죽지령에서 만난 중이 방으로 들어오는 사건인데, 공의 아내도 같은 꿈을 꾸었던 것이다. 괴이하게 여긴 공이 죽지령으로 사자를 보내 중의 안부를 물으니 이미 거사는 몇 일 전에 입적하였는데 그 날이 바로 꿈 속에 나타난 날이었다. 공은 이르기를 「머지않아 거사(중)는 우리 가문에 태어날 것이다(殆居士誕於吾家爾 : 태거사탄어오가이)」라 하고 군사를 보내어 죽지령의 북봉에 장사지내고 미륵불을 만들어 무덤 앞에 세웠다. 그 꿈을 꾸던 날 밤에 공의 아내는 태기가 있어 아이를 낳으니 그 이름을 죽지(竹旨 : 죽지령의 거사가 환생하였다는 뜻)라고 했다.

그 죽지랑〔竹旨郎: 죽만랑(竹曼郎) 또는 지관(智官)이라고도 함〕이 자라서 신라 제 32대 효소왕 때 화랑의 우두머리가 되었을 때의 일이다. 그의 무리 가운데 득오〔得烏 또는 득곡(得谷)〕라 하는 이름을 가진 급간〔級干 : 수로왕이 구간(九干)의 군신의 칭호를 개편할 당시 계림의 직제를 취한 관직(각간, 아질간, 급간)의 하나〕 한 사람이 화랑도의 명부에 이름을 올려놓고 매일 출석하였다.

어느 날 득오가 10여일 이상 결석을 하자, 죽지랑이 그의 어머니를 불러 아들의 행방을 물으니 「모량부의 당전(幢典 : 군인부대의 지휘관) 익선아간이 갑자기 내 아들을 부산성 창고지기로 끌고 갔기 때문에 미처 당신(죽지랑)에게 인사하고 떠날 겨를이 없었다」고 하였다.

죽지랑의 생각은 득오가 개인적인 사사로운 일로 불러서 간 것이라면 찾아 볼 가치가 없지만 공적인 일로 갔으니 마땅히 찾아가서 대접(위문)을 해야겠다는 것이다. 그는 설병(舌餠 : 절편) 한 그릇과 술 한 병을 마련하여 종을 데리고 찾아가니 화랑의 무리도 함께 따라 나섰다. 부산성에 이르러 득오가 군무하는 곳을 문지기에게 물어 밭일을 하고 있는 곳으로 가서 가지고 간 떡과 술을 대접하였다. 그리고 부대장 익선에게 부탁하여 휴가를 얻어 함께 돌아오려 했지만 완강히 거절하였다.

이때 마침 사리(使吏)로 있는 간진(侃珍)이란 사람이 추화군(推火郡 : 지금의 밀양군) 능절의 조(租 : 도지세. 전답을 임대하고 받는 세) 30석을 거두어 성 안으로 운반해 가고 있었다. 죽지랑이 선비를 귀하게 여기는 풍미를 기리고 한편으로는 익선의 고집통머리를 비루하게 여겨, 가지고 가던 곡식 30석을 익선에게 주며 휴가를 허락해 달라고 죽지랑과 함께 간청했으나 역시 듣지 않았다. 이번에는 할 수 없이 진절(珍節) 사지(舍知 : 신라 때 17관등의 제13위 등급의 관직)의 말안장을 주니 그제야 허락을 해주었다. 그 사건을 조정에서 화랑 단체를 총괄하는 화주(花主)가 듣고 사자를 보내 익선을 잡아다가 탐관오리의 추악한 버릇을 고쳐주려고 하자 익선은 도망쳐 숨어버렸다. 대신 그의 맏아들을 잡아다가 한겨울에 성 안에 있는 연못에 목욕을 시켜 얼어죽게 하였다. 그 말을 들은 효소왕은 익선의 연고지인 모량 마을 출신으로 현직에서 벼슬하고 있는 자들은 모조리 퇴출시켜 앞으로는 관청에 발붙이지 못하게 하고 중이 될 수 없으며 만일 중이 된 자라 해도 종을 치고 북을 울리는 절(큰 사찰)에는 들어갈 수 없다고 명령하였다.

그런데 「죽지랑은 김유신과 함께 부수(副帥)가 되어 삼한을 통일하고 평정하여 진덕여왕, 태종 무열왕, 문무왕, 신문왕 등 4대에 걸친 재상으로서 나라를 안정시켰다.(壯而出仕. 與庾信公爲副帥. 統三韓. 眞德, 太宗, 文武, 神文, 四代爲冢宰. 安定厥邦 : 장이출사. 여유신공위부수. 통삼한. 진덕, 태종, 문무, 신문, 사대위총재. 안정궐방)」는 기록은 어느 부분에선가 잘못된 것으로 보인다.

죽지랑은 진덕여왕 때 아버지 술종공의 태몽으로 태어났다. 진덕이 7년, 태종이 7년, 문무가 20년, 신문이 11년간을 치세하였기 때문에 4대에 걸친 시간은 무려 45년간이나 된다. 죽지랑이 32대 효소왕 때 화랑도의 우두머리 가운데 한 사람이라 했으니 나이는 18세 이전으로 볼 수 있다. 그때가 효소왕 즉위 1~2년 쯤의 초기라 가정해도 18년을 소급한다면 신문왕이나 효소왕 시대에 태어났다고 볼 수 있다. 그러므로 효소왕 때 화랑도였던 그가 소년 시절의 왕조를 훨씬 소급해서 태어나기 이전의 시대로 볼 수 있는 태종 무열왕 때에 김유신과 함께 부수라는 높은 벼슬에 올라 삼한을 통일하고 4대에 걸쳐 재상을 지냈다는 것은 기록상의 오류로 매우 큰 모순이 아닐 수 없다.

어떻든 과거에 사회적으로 큰 파문을 일으킨 탐관오리 익선에게 잡혀가서 부당한 노역으로 고통받고 있을 때, 그 어려움에서 벗어나도록 백방으로 마음을 써 준 죽지랑의 깊은 우정과 사랑을 기리며 교우이신(交友以信)의 아름다운 마음씨를 사모하여 지은 득오의 노래가 바로 「모죽지랑가」이다.

〔이두 원형문〕

去隱春皆理米 (거은춘개리미)
毛冬居叱沙哭屋尸以憂音 (모동거질사곡옥시이우음)
阿冬音乃叱好支賜烏隱 (아동음내질호지사오은)
皃史年數就音墮支行齊 (아사년수취음타지행제)
目煙迴於尸七史伊衣 (목연회어시칠사이의)
逢烏支惡知作乎下是 (봉오지악지작호하시)
郎也, 慕理尸心未行乎尸道尸 (낭야모리시심미행호시도시)
蓬次叱巷中宿尸夜音有叱下是 (봉차질항중숙시야음유질하시)

— 득 오

〔한역 원형문〕

간봄 그리매
모단 것아 우러 시름
아람 나토샤온
즈이 샬쯤 디니져
눈 돌칠 사이에
맛보압디 지오리
낭이여
그릴 마사매 녀올 길
다봊 굴허헤 잘 밤 이시리

〔해 설〕

지나간 봄(세월) 그리워
모든 것이 울며 시름하노라
아름다움을 나타내신
얼굴에 (이제)주름이 지려 하네
눈 깜박할 동안에
만나 뵙게 되오리다
죽지랑이시여!
그리워하는 마음 가(닿)는 길에
다북쑥(우거져 폐허가 된)마을에 잘 밤인들 찾아오리까.

안민가(安民歌)

신라 제 35대 경덕왕 24년에 삼산신(三山神 : 경주, 영천, 청도에 있다는 세 신) 등이 수시로 대궐 뜰에 정체를 나타내어 왕을 모시고 함께 하였다. 3월 3일에 왕이 귀정문(歸正門)의 루(樓)에 올라 따르던 신하들에게 누가 길거리에 나가서 위의〔威儀 : 불교에서 참된 불자에게 요구하는 이른바 행(行 —가고), 주(住 —머물고), 좌(坐 —앉고), 와(臥 —잠자고) 등 4가지 행동, 즉 일거수 일투족의 몸가짐에 있어서의 위엄〕 있는 승려 한 사람을 데려올 수 있겠느냐고 했다. 이 때 마침 위의 있고 깨끗한 고승 한 사람이 이리저리 배회하고 있어 신하들이 그를 왕에게 데려오니 「내가 말하는 위의 있는 중이 아니로다.」하고 되돌려 보냈다.

다시 다른 중 한 사람이 있는데 납의(衲衣 : 검은 색깔로 지은 승복)를 입고 앵통(櫻筒 : 또는 삼태기를 등에 졌다고도 함)을 지고 남쪽으로부터 오고 있는 그를 왕이 보고 기뻐 맞으며 누대 위로 영접하였다.

지고 온 통 속을 들여다보니 차를 끓이는 다기가 있는데 왕이 정체를 물으니 충담(忠談)이란 중이라고 아뢰었다. 왕은 다시 어디서 오느냐고 물으니 충담은 3월 3일과 9월 9일에는 차를 달여서 남산 삼화령의 미륵세존께 드리는데 지금도 거기서 돌아오고 있는 길이라고 대답하였다. 왕이 그 차를 한 잔 나누어 줄 수 있겠느냐고 간청하자, 중은 즉시 차를 달여 올리니 차 맛과 향기가 이상하였다.

왕은 다시 말하기를 「내가 일찍이 들으니 스님이 기파랑(耆婆郎 : 어느 화랑의 이름)을 위해 찬미한 사뇌가(詞腦歌 : 향가의 한 형식)의 뜻이 매우 고상하다고 들었는데 과연 그러하오?」라고 하니 충담은 사실이라고 대답하였다.

「그렇다면 곧 나를 위하여 안민가를 지어 주시오(然則爲朕作理安民歌 : 연즉위짐작리안민가)」라고 청하였다.

충담은 지체없이 왕명을 받들어 노래를 지어 바치니, 왕이 그 인품과 시심의 아름다움을 기뻐하여 그를 왕사로 봉하려 했으나 재배하고 사양하였다.

〔이두 원형문〕

君隱父也	(군은부야)
臣隱愛賜尸毋史也	(신은애사시모사야)
民焉狂尸恨阿孩古爲賜尸知	(민언광시한아해고위사시지)
民是愛尸知古如	(민시애시지고여)
窟理叱大肸生以支所音物生	(굴리질대힐생이지소음물생)
此肸喰惡支治良羅	(차힐식악지치양라)
此地肸捨遣只於冬是去於丁爲尸知	(차지힐사견지어동시거어정위시지)
國惡支持以支知古如	(국악지지이지지고여)

後句, 君如臣多支民隱如 爲內尸等焉 (후구, 군여신다지민은여 위내시등언)
國惡太平恨音叱如 (국악태평한음질여)

— 충 담

〔한역 원형문〕
군(君)은 어비여
신(臣)은 다사샬 어시여
민(民)안 얼한아해고 하샬디
민(民)이 다살 알고다
구믈다히 살손 물생
이흘 머기 다사라
이따할 바리곡 어듸갈뎌 할디
나라악 디니디 알고다
〈후구〉
군(君)다이 신(臣)다이 민(民)다이 하날단
나라악 태평(太平)하니잇다.

〔해 설〕
임금은 아버지요
신하는 자애 깊은 어머니요
백성은 어린 아이라고 여기시면
백성이 사랑받는 것을 스스로 알리이다
꿈실거리면서 사는 백성에게
사랑을 먹여 다스려(주시니)
(백성들이)이 땅을 버리고 어디로 갈 것인가를 (잠시)생각한다해도

나라 안이 (잘)되어 감을 (곧) 깨닫게 되리이다.
〈후구〉
임금답게 신하답게 백성답게만 한다면
나라 안은 태평할 것입니다.

백성들이 편안하고 나라가 태평하기 위해서는 이 노래에서 말하듯 각자가 자신의 소임을 충실히 이행할 때 가능한 것이다.

백제 제 29대 법왕(法王)은 백성을 사랑했다는 직접적인 기사는 없으나 그가 어느 왕 못지 않게 백성의 어버이 노릇을 극진히 해 온 왕일 것이라는 추측과 주장에 대해 누구도 의심하지 않을 것이다.

그는 요즘으로 말하는 환경 친화적 사상과 자연보호에 힘 쓴 임금으로, 즉위하던 599년 겨울에 조서를 내려 살생을 금지시키고 민가에서 기르는 응전(鷹鸇 : 매 종류의 새)을 놓아주고 어렵(漁獵 : 고기잡이) 기구를 소각시킴으로써 동물에 대한 학대나 일체의 불법 남획을 금지시켰다. 자기 나라 자연에서 자라는 동식물을 그처럼 사랑한 임금이라면 자기의 백성들은 또 얼마나 끔찍이 사랑했을 것인가? 그 점을 뒷받침해 주는 노래가 있기 때문에 반론의 여지가 없는 것이다.

그러니까 법왕은 즉위한 이듬 해에 30명의 도승을 두고 서울인 사비성(泗沘城 : 지금의 부여)에 왕흥사(王興寺 : 지금의 부여군 규암면에 소재함)를 창건하려고 터를 한창 닦는 도중에 승하하였다. 아버지 법왕의 뒤를 이어 왕위에 오른, 제 30대 무왕이 수십 년에 걸쳐 부왕의 유업을 완성하니 그 절의 이름을 미륵사(彌勒寺)라 했다. 무왕은 항상 배를 타고 강물을 따라 절에 들어와 그 장엄하고 아름다운 경치를 구경하곤 했는데, 양 대에 걸쳐 백성을 사랑하고 자연을 즐기며 보호한 업적을 노래로 찬미하였다.

詔寬𧲜狘千丘惠 (조관휼융천구혜)
澤治豚魚四海仁 (택치돈어사해인)
莫道聖君輕下世 (막도성군경하세)
上方兜率正芳春 (상방도솔정방춘)

너그러운 명으로 짐승을 보호하니 은혜가 온 산에 미치고
성은이 돈어(豚魚 : 감동시키기가 가장 어려운 짐승)를 만족시키니
어짊이 바다 같네
어진 성군 갑자기 죽으심을 경솔히 (슬프다고)말하지 말라
(성군이 가신)하늘 나라 극락에는 이제부터 꽃피는 봄 세상이라오.

찬기파랑가(讚耆婆郎歌)

경덕왕은 충담이 위의(威儀)있는 중이라는 것을 알아보고 귀정문 누대 위로 영접하였다. 그때에 왕은 충담이 오래 전에 이미 「찬기파랑가」를 지어 유명해진 당사자라는 사실 여부를 확인하게 되자, 비로소 「안민가」를 지어 달라고 말한다.

「안민가」에 앞서 만든 「찬기파랑가」는 화랑의 무리 가운데 한 사람인 기파랑(耆婆郎)의 훌륭한 기상을 찬양한 노래로, 고매함이 이를 데 없는 작품이다. 그래서 왕의 귀에까지 들릴 정도였고 뭇 사람들의 심금을 울려주는 감동적인 문학 작품으로 세간을 풍미한 노래였던 것이다.

〔이두 원형문〕

咽嗚爾處米 (인명이처미)
露曉邪隱月羅理 (노효사은월라리)
白雲音逐于浮去隱安支下 (백운음축우부거은안지하)
沙是八陵隱汀理也中 (사시팔능은정리야중)

耆郎矣皃史是史藪邪 (기랑의아사시사수사)
逸烏川理叱磧惡希 (일오천리질적악희)
郎也持以支如賜烏隱 (랑야지이지여사오은)
心未際叱肹逐內良齊 (심미제질힐축내량제)
阿耶, 栢史叱枝次高支好 (아야, 백사질지차고지호)
雪是毛冬乃乎尸花判也 (설시모동내호시화판야)

— 충 담

〔한역 원형문〕
열치매
나토얀 다리
햰구룸 조초 떠가난 안디하
새파란 나리여해
기랑(耆郎)애 즈시 이슈라
일로 나릿 재벽에
랑(郎)애 디니다샤온
마사매 갓할 좇누아져
아으, 잣가지 노파
서리 몯누올 화판(花判)이여

〔해 설〕
(구름)을 걷어 젖히고
두둥실 떠오른 달아
(너는) 흰 구름을 좇아 떠감이 아니더냐?
새파란 앞 냇가에
기파랑의 모습이 있어라!

이제부터 냇가 모래 벌 위에
(기파)랑이 가지고 있던
그 마음의 끝자락을 좇으려 하옵네
아아! 잣가지 (기상이) 드높아 서리(두려움)를 모르듯이
더없이 고귀한 화랑장(무리의 우두머리 기파랑)이여!

이 노래는 3연으로 구성된 작품이다.

제 1연은 캄캄한 구름을 헤치고 둥그렇게 나타난 달을 인격화 시켜 놓고 말하기를, 당신은 겨우 정처 없이 무의미하게 떠다니기나 하는 뜬구름의 뒤를 좇기 위한 존재에 불과한 것이냐고 묻는다.

그러나 제 2연에서 대답하기를, 높이 떠서 땅 위를 훤히 밝히고 보니 앞 냇물에 기파랑의 옛 모습이 비치고 화랑도를 지휘하던 모래밭에는 살아 생전에 훌륭했던 기파랑의 기품이 아직도 남아 있어 그를 기리기 위해 이렇게 나타났다는 것이다.

제 3연에서는 잣나무의 높은 기상에 비유하여 기파랑의 용맹함을 찬미하고 있다. 앞서 본 바와 같이 「원가」에서도 효성왕은 어떤 경우에도 자신이 즉위하면 신충을 크게 등용시켜 주겠다며 잣나무를 두고 언약하였다.

신라 때 사람들은 꿋꿋하고 높은 기상, 만고풍상을 이겨내는 불변의 절조와 굳은 의지의 상징으로 잣나무를 즐겨 인용한 것에 반해 조선조 때에는 소나무로 대신하였다.

처용가(處容歌)

『삼국유사(三國遺事)』 제 2권에는 처용랑 · 망해사(處容郎 · 望海寺)에 관한 설화를 비교적 자세히 설명해 놓았다.

「제 49대 헌강왕(憲康王) 시대에는 서울(경주)을 비롯하여 온 세상이 집과 집이 담장으로 수없이 이어졌는데 초가는 한 채도 없었으며 사계절 내내 일기는 순조로웠다.(第 四十九憲康大王之代 自京師至於海內 此屋連墻無一草屋 笙歌不絶道路 風雨調於四時 : 제사십구헌강대왕지대 자경사지어해내 차옥연장무일초옥 생가불절도로 풍우조어사시)」라하여 매우 평화로운 시대였음을 말하고 있다.

그런데 왕이 개운포(開雲浦:지금의 울산)에 나와 노니다 돌아가려할 즈음 해가 밝은 대낮인데 갑자기 운무가 껴 앞길을 가렸다. 이 때 일식현상이 일어났다는 기록도 있는데, 어떻든 이 같은 괴변에 대해 좌우에 대동한 신하에게 묻자 일관(日官 : 일관부에서 천체운행과 천문기상을 관측하여 어떤 변화나 조짐을 해석하는 관직)에게 묻자 이렇게 대답하였다.

「이는 동해의 용이 조화를 부리는 것이오니, 전하께서 훌륭하신 덕을 베푸심으로써 진정될 것이옵니다.(此東海龍所變也 宣行勝事以解之:차동해용소변야 선행승사이해지)」

이 말을 들은 왕이 그 주위에 절을 지으라는 명을 내리자, 곧 운무가 사라졌다 하여 이곳의 이름을 개운포라 부르게 되었다.

그랬더니 동해의 용은 칠 형제의 아들을 데리고 나타나 가무로 왕의 은덕을 기리며 기뻐했다. 일곱 아들 중에 한 아들이 왕을 따라 입궐하여 정치를 도왔는데 그의 이름을 처용(處容)이라 했다. 왕은 아름다운 처녀와 결혼을 주선해 주고 벼슬도 내렸는데 역신(疫神:천연두를 앓게 하는 귀신)이 매우 아름다운 처용의 아내를 탐하여 사람으로 둔갑한 다음, 몰래 잠입해서 잠자리를 함께 했다.

이때 밤늦게 집으로 돌아온 처용은 간통 현장을 목격하게 되었고, 곧이어 노래(처용가:處容歌)를 부르면서 춤을 추며 물러(물리치고) 나왔다.

〔이두 원형문〕

東京明期月良 夜入伊遊行如可	(동경명기월랑 야입이유행여가)
入良沙寢矣見昆 脚烏伊四是良羅	(입랑사침의견곤 각오이사시랑라)
二肹隱吾下於叱古 二肹隱誰支下焉古	(이힐은오하어질고 이힐은수지하언고)
本矣吾下是如馬於隱 奪叱良乙何如爲理古	(본의오하시여마어은 투질랑을하여 위리고)

— 처용랑

〔한역 원형문〕

서울 발기다래 밤드리 노니다가
드러사 자리 보곤 가로리 네히어라
둘흔 내해엇고 둘흔 뉘해언고
본대 내해다마란 앗아날 엇디 하릿고

〔해 설〕

서울 밝은 달 아래 밤 깊도록 노니다가
들어와 자리를 보니 다리가 넷이로다
아, 아! 둘은 아내 것이고 둘은 누구 것인가
본래 내 것(아내)이지만 빼앗겼음을 어이하랴.

이렇게 노래를 하자, 역신은 제 모습을 드러내고 처용 앞에 무릎을 꿇고 말하였다. 처용의 아름다운 아내를 사모하여 동침했는데 조금도 분노하지 않는 것에 감동되어 그 마음을 찬미한다며, 약속하기를 앞으로는 처용의 화상만 보아도 절대 그 집의 문 안에 들어가지 않겠노라고 했다.

이로 인하여 백성들이 문간에 처용의 초상화를 그려 붙임으로써 악귀의 해코지를 피할 수 있게 되었다.

왕은 환궁한 뒤에 약속대로 영취산(靈鷲山) 동쪽 기슭에 빼어난 경관을 골라 망해사(望海寺)라는 절을 지었다. 또 이름하여 신방사(新房寺)라고도 하는데, 이는 다름 아닌 동해의 용을 진정시켜 나라의 태평을 위해 창건한 것이다.

「처용가」에는 아내가 사랑을 배신하고 외간 남자를 받아들여 간음하는 현장을 목격한 사건으로 남편의 원한과 괴로움을 표출시키지는 않았지만 처용의 마음 깊은 곳에 분노가 잠재돼 있는 노래로 볼 수 있다.

그러나 신의를 저버린 아내의 배신 행위에 대한 응분의 조치는 언급된 바 없어, 신라 시대의 도덕적 관념으로는 어쩌면 성 윤리의 문란과 퇴폐를 별로 죄악시하지 않는 사회였다고 생각된다.

그와 같이 신라인들의 성 도덕에 관한 정서는 이미 「해가」에서 언급한 바와 같이 비단 문학 작품에만 국한되지 않고 조형 미술에도 크게 영향을 준 것으로 보인다.

대표적인 예로 5, 6 C 경에 만들어진 신라 토우(土偶)에는 수렵하는 모습을 비롯하여 남녀 성 행위나 자위행위 등 여러가지 형상이 있는데, 경주 금령총(金鈴塚)에서 출토된 뱃사공 토우는 홀딱 벗은 채 노를 젓는 게 힘든 모양인지 혀를 쑥 내밀고 있다. 성기는 팔뚝만큼이나 굵지만 여전히 반포경상태를 벗어나지 못했다. 황남동에서 출토된 출산하는 여인상도 음부를 통해 크게 확장된 입과 눈이 보는 이로 하여금 웃음을 자아내게 한다. 성에 대한 자연스러운 접근도 빼놓을 수 없다는 지적이다. 남녀가 꽉 부둥켜 안거나, 남자가 여자의 배 위에 올라탄 자세..... 국보 195호인 목이 긴 항아리에 부착된 토우처럼 여인의 궁둥이에 남자가 성기를 들이대는 모습으로 체위가 크게 구분된다. 목이 긴 항아리에 여인은 고개를 옆으로 돌린 채 히쭉 웃고 있다. 금령총에서는 자위하는 남자의 토우도 발굴됐다. 성(性)의 즐거움을 만끽하려는 신라인들의 솔직함을 느낄 수 있다.

—〈조선일보 · 1997. 12. 23〉

위에서 살펴본 것처럼 신라인들의 성에 대한 의식은 개방적이고 자유로우며 정조관념 자체에 큰 의미를 부여했거나 비중을 두지 않고 매우 단순하고 가볍게 취급한 듯하며 지나친 수치감 같은 것은 별로 없었던 모양이다. 성에 대해 자연스러웠다는 것은 모든 성 행위나 성적

호기심에 대한 발산과 표현을 지나치게 강조하고 확대시키려는 강한 충동은 물론, 성 개방의 통념상 처용 아내의 간통사건 역시 크게 죄악시 할 필요를 느끼지 않았던 것이다. 그래서 처용은 아내의 불륜 현장을 목격하고도 격분하거나 보복을 생각할 이유가 없었는지 모른다.

3. 극락정토를 꿈꾸는 불자들

혜성가(彗星歌)

신라 제 26대 진평왕 시대에 거열랑(居烈郎), 실(돌)처랑〔實(突)處郎〕, 보동랑(寶同郎) 등 세 화랑도가 금강산에 놀이를 떠나려 할 때 갑자기 혜성이 나타나 심대성〔心大星 : 중국이나 인도와 같은 나라의 고대 천문학에서는 천체를 28성좌로 나누었는데 그 가운데 동쪽 7성좌 가운데 심(心)이라는 큰 별자리〕을 범했다는 것이다. 이것은 본래부터 뜻하지 않게 불시에 나타나 사람들의 이목을 끌고 놀라게 하며 모종의 조짐을 예고하는 별로써 인식되어 온 혜성의 출현을 말하는 것으로, 그 당시 시국의 불안을 암시했던 것으로 보인다. 그래서 오래 전부터 연구 관찰해 온 기존의 28숙 별자리 가운데 유독 심대성 별자리를 가리우고 관찰을 방해할 정도로 요란스럽게 출현한 혜성은 사람들을 어떤 불길한 예감으로 몰고 가는 상황인 듯하다.

게다가 이 때는 신라와 일본의 국교 관계가 원만치 못해 군사적으로 대치 국면이었던 것으로 생각된다. 이러한 시국에 머지않아 왜군과의 전쟁이 불가피할 것이라는, 불길한 조짐이라고 판단한 세 화랑도는,

풍악산(가을 금강산의 별칭) 놀이를 취소하였다.

한편, 융천사(融天師)가 제단을 모아 향가를 지어 부르며 기원하자 혜성이 사라지고 왜군이 물러가게 되어 나라가 평정을 되찾게 되었다.

진평왕은 매우 기뻐하며 세 화랑도에게 다시 금강산 유람을 허락하였다.

〔이두 원형문〕

舊理東尸汀叱乾達婆矣 (구리동시정질건달파의)
遊烏隱城叱肹良望良古 (유오은성질힐량망량고)
倭理叱軍置來叱多 (왜리질군치래질다)
烽燒邪隱邊也藪耶 (봉소사은변야수야)
三花矣岳音見賜烏尸聞古 (삼화의악음견사오시문고)
月置八切爾數於將來尸波衣 (월치팔절이수어장래시파의)
道尸掃尸星利望良古 (도시소시성리망량고)
彗星也白反也人是有叱多 (혜성야백반야인시유질다)
後句, 達阿羅浮去伊叱等邪 (후구, 달아라부거이질등사)
此也友物北所音叱彗叱只有叱故 (차야우물북소음질혜질지유질고)

— 융천사

〔한역 원형문〕

녜 섀믌갓 건달파(乾達婆)애
노론 잣할란 바라고
왜군(軍)두 옷다
봉(烽)샬얀 가 이슈라
삼화(三花)애 오람보샤올 듣고
달두 바즈리 혀렬 바에

길쓸 별 바라고
혜성(彗星)여 살반여 사라미 잇다
아으 달 아래 떠 갯더라
이 어우 므슴 혜(彗)ㅅ 기 이실고

〔해 설〕

예전에 동해 해변을 거닐던 어떤 사람이 건달파(간다르바)가
놀고 있는 성(신기루:허깨비)을 바라보며
저건 왜놈이 쳐들어오는 것이로구나 하고 벌벌 떨며
봉화를 사룬(올린) 적이 있었다더니
이제는 또 우리네 세 분 화랑님이 (시국의 어지러움을 모르고)
금강산 오르심을 듣고
반갑고 놀라서 내려와
달도 빨리 빛을 밝히고
오르실 길을 쓸고 있는 별을 바라보고(하는 말이)
혜성이 나타났구나(라고 외친 사람이 있다)
아아! 달이 낮게 떠간 것을
어허허. 어찌 혜성이라고 (놀라)말 할 수 있을까?

왜국의 위협으로 나라가 매우 어지럽고 흉흉하여, 다른 나라의 군사적 동태에 매우 민감하게 반응하고 있음을 짐작케 하는 노래다. 그래서 옛 속담에 자라 보고 놀란 가슴 솥뚜껑만 보아도 놀란다는 격으로 달이 유난히 낮게 떠오른 듯한 어느 날 밤의 느낌은 곧 혜성의 출현으로 잘못 착각되었고 그것은 왜군의 군사적 행동을 예측케 하는 조짐에 불과한 것인데 마침내는 왜침 사태라는 실제 상황으로 오판 하게 되어 봉수를 사르는 비상 시국으로 돌입하기에 이른다.

그러나 융천은 사람들의 착시 현상때문이라고 설명하고, 사실상 별 것 아니니 안심하라며 진정시킨다. 그 진정 효과를 보다 높이고 신뢰감을 극대화시키기 위해서 여유와 해학적인 가풍(歌風)으로 노래를 지어 부른 것이다.

풍요(風謠)

풍요란 부조리한 세태를 은근히 꼬집어서 부정한 자들로 하여금 각성하기를 촉구하기 위해 하층 서민들의 공통적 중의를 조용히 표출하되, 감정이 노출되지 않는 그야말로 풍자성이 강한 노래를 말한다. 거의가 자연 발생적인 노래가 많은데 각 지방의 풍속, 계몽, 남녀간의 연정 등을 소재로 삼아 읊었다. 그것은 때와 장소에 구애되지 않고 수시로 불러서 높은 빈도로 다다익선의 효과를 얻기 위한 의도가 다분히 포함돼 있었기 때문에, 과거 농경사회에 있어서는 필연적으로 노동요로 만들어 반복적으로 부를 수밖에 없었을 것이다. 그래서 진정한 위정자들은 백성들의 희로애락과 민심의 동향을 파악하는데 좋은 정보로 풍요를 열심히 경청하였다고 한다.

〔이두 원형문〕

來如 來如 來如 (래여래여래여)

來如 哀反多羅 (래여 애반다라)

哀反多 矣徒良 (애반다 의도량)
功德 修叱如良 來如 (공덕 수질여랑 래여)

— 석양지

〔한역 원형문〕
오다 오다 오다
오다 서럽더라
서럽다 우리네여
공덕(功德) 닷가라 오다.

〔해 설〕
오다 오다 오다
오다 서럽더라
서럽다 우리네(이 몸이)여
공덕 닦으러 오다.

이 노래의 요지는 덧없이 빠른 삶이 생로병사(生老病死)라는 사고에 시달리다 풀잎에 맺힌 아침 이슬처럼 한순간에 사라지고 마는, 찰라 인생이야말로 얼마나 나약하고 측은하며 불쌍한 것인가를 말하고 있다. 이처럼 인생이 괴로운 것은 기왕의 업보로 받은 것이니, 사바〔사파(娑婆)〕 세계를 영원히 벗어나—기독교에서 일컫는 소위 구원을 받기 위해서—할 수 있다면 곧 공덕을 닦아 아미타가 있는 극락에 가는 길 뿐 이라는 노래다.

지은이 석양지는 선덕여왕 때 사람으로 기사이적을 남긴 인물이라는 것 외에는 그의 근본에 대한 기록이 별로 없다.

그가 짚고 다니던 석장(錫杖 : 쇠 지팡이)의 손잡이 부분에 포대를 걸쳐놓으면 저절로 시주할 집으로 날아가 소리를 내며 흔들렸다. 시주가 재비를 넣어 주면 포대가 가득 채워지게 되고 석장은 제 스스로 알아서 처음 있던 곳으로 되돌아 온다. 그래서 양지가 살던 절을 지팡이의 이름을 따서 석장사(錫杖寺:경북 월성군에 있었던 절)라 했다. 그는 예능적 감각도 뛰어나 서화에 능통하여 영묘사, 법림사의 현판을 썼으며 벽돌에 조각하여 탑신을 쌓아 그 안에 3천 불을 조각 안치하였고 많은 불화를 그렸다.

영묘사의 장육삼존상(杖六三尊像)을 만들 때 성중에 사녀(士女)들이 자진하여 진흙을 나르며 이 「풍요」를 불렀는데 고려 시대까지 이어져 방아를 찧을 때 이 노래를 즐겨 불렀다고 한다.

이렇게 해서 불상을 만드는 대역사가 여러 백성들의 도움으로 훌륭하게 완성되었으니 응당 법사의 업적을 칭송하는 노래가 있어야 할 것이다.

齋罷唐錢錫杖閑 (재파당전석장한)
靜裝爐鴨自焚檀 (정장노압자분단)
殘經讀了無餘事 (잔경독료무여사)
聊塑圓容合掌看 (료소원용합장간)

재(齋) 올리고 나니 법당 앞에 석장(법사)은 한가로워
기러기 문양 향로에 단향을 피우고
못다 본 불경 마저 읽으니 더더욱 일이 없어
만든 불상 모셔 놓고 손 모아 불향 드리네.

석장으로 시주를 받아서 불공을 드리니 법사는 일이 없는 듯 하지만 이어서 향불 피우고 조용히 앉아 불경을 다 읽고 나니 더욱 할 일이 없

어 쉴 일만 남은 것처럼 보인다. 그러나 잠시도 쉬지 않고 끊임없이 불상을 만들거나 치성을 드리는 구도의 길을 계속하는 법사의 훌륭함을 칭송하고 있는 것이다.

이 노래는 물질로 시주하지 못한 사람이 노동력으로 부역하며 부른 것이라 하는데, 물질로 시주한 신도들에 대한 기록은 없고 다만 가난하여 노동으로 부조를 대신 한 자들의 노래와 그들의 노작에 대한 사실만 남긴 것은 우리 선조들이 노동을 얼마나 신성시했는가를 단적으로 말해 주는 것이라 볼 수 있다.

원왕생가(願往生歌) / 청전법륜가(請轉法輪歌)

신라 문무왕 대에 광덕(廣德)과 엄장(嚴莊)이란 두 중은 출가하여 도를 닦는 친구였다. 그들은 늘 약속하기를 두 사람 가운데 안양(安養 : 서쪽에 있다는 극락의 다른 이름)에 먼저 들어가는 쪽에서 반드시 서로에게 알리고 떠나자고 했다.

광덕은 분황사 서쪽 마을에 은거하며 신(짚신) 삼는 일로 처자를 거두었고, 엄장은 남악(南岳)에 작은 암자를 짓고 화전을 일구며 살았다.

어느 날, 저녁 노을이 유난히 붉게 지고 소나무 숲에 어둠이 깃들 때 창밖에 한 소리가 들려 오는데 「나는 이미 서쪽으로 가고 있으니 자네는 도를 잘 닦아 하루 속히 내 뒤를 밟으라.(某已西往矣. 惟君好住. 速從我來 : 모기서왕의. 유군호주. 속종아래)」고 말했다.

엄장이 놀라 문을 박차고 나가 보니, 이미 구름 위 멀리서 하늘 나라의 음악 소리가 들리고 눈부시게 밝은 빛이 온 천지를 밝히고 있었다.

다음날 해 뜰 무렵 엄장이 서쪽 마을에 있는 광덕의 집에 이르니 과연 광덕은 죽어 있었다. 엄장은 광덕의 아내와 장례를 치른 다음, 말하기를 「남편이 없으니 나와 함께 살자」하니 그녀도 동의함에 그로부터 동거하게 되었다.

밤이 되자 엄장이 동침하며 육정을 나누려하니 수줍어하며 「당신 같이 평범한 스님이 극락 가기를 바라는 것은 마치 나무에 올라가 물고기를 잡으려는 것이나 다름 없습니다(師求淨土. 可謂求魚緣木 : 사구정토. 가위구어연목.)」라고 하며 거절하였다.

엄장이 당황하여 묻기를 「광덕의 아내로서 이미 성관계가 있어 왔거늘 나라고 안될 게 뭐요?」하니 그녀가 이르기를 「훌륭하신 내 남편은 10여 년이나 동거했으나 지금껏 한 번도 잠자리를 같이한 적이 없거늘 어찌 육정을 나누는 추행이 있을 수 있었겠습니까? 다만 매일 밤을 하루같이 몸을 단정히 바로 하고 앉아 낭랑한 목소리로 아미타불을 암송하고 극락에 이르기 위해 미혹을 이기고 참선에 들었으며 달빛이 창가에 밝게 비치면 그 빛을 타고 결가부좌하고 앉았습니다. 이처럼 정성이 지극하였으니 그가 서방정토 극락으로 가지 않고 어디로 갔겠습니까? 대개, 천리 길을 가는 사람의 성패 여부는 첫 걸음으로 판단을 할 수 있는 바, 지금 엄장 스님은 서쪽에 있는 극락에는 가지 못하고 오히려 반대편 동쪽으로 가고 있는 것입니다」

엄장은 매우 부끄러워하며 물러나와 그 길로 원효법사(元曉法師)를 찾아가 극락에 가는 중요한 방법에 대해 간절히 물었다.

원효로부터 속세의 더러운 욕심을 버리고 정결한 몸으로 미망을 깨고 참선하는 법을 배운 엄장도 드디어 광덕의 뒤를 이어 왕생극락하였다.

엄장보다 먼저 극락에 간 광덕은 살아 있을 때 「원왕생가(願往生歌)」를 지어 자신의 신실한 신앙심을 읊었다.

〔이두 원형문〕

月下伊底亦　　(월하이저역)

西方念丁去賜里遣 (서방염정거사리견)
無量壽佛前乃 (무량수불전내)
惱叱古音多可支白遣賜立 (뇌질고음다가복백견사립)
誓音深史隱尊衣希仰支 (서음심사은존의희앙복)
兩手集刀花乎白良 (양수집도화호백량)
願往生願往生 (원왕생원왕생)
慕人有如白遣賜立 (모인유여백견사립)
阿邪, 此身遺也置遣 (아사, 차신유야치견)
四十八大願成遣賜去 (사십팔대원성견사거)

— 광 덕

〔한역 원형문〕
달하 이뎨
서방까장 가샤리고
무량수불전(無量壽佛前)에
닏곰다가 숣고샤셔
다딤 기프샨 존(尊)어해 울워리
두손 모도호살바
원왕생 원왕생(願往生 願往生)
그릴 사람 잇다 숣고샤서
아으, 이몸 기텨 두고
사십팔대원(四十八大願) 일고샬까.

〔해 설〕
달님이시여 이제
서방(정토)까지 가시어

무량수 부처님 앞에
(내 염원하는)말씀 전해 올리소서
다짐한 약속 틀림없(이 들어 주시)는 부처님을 우러러
두 손 모아
극락에 가서 낳게 해 주옵소서 비는 말씀(전해 올리소서)
(그리고) 사모하는 사람 있음도 아뢰어 주소서.
아! 이 몸 버려(제쳐) 두고
마흔 여덟(가지)의 크나큰 소원이 이뤄지면 어찌하리까.

이것은 광덕이 아미타불이 있다는 서방정토(극락)에 태어나기를 기원하는 노래인데, 여기서 달님을 통하여 특별히 사랑하는 사람이 있다는 사실이 아뢰어 지기를 바라고 있는데 도대체 누구를 그리워하고 사모하는 것인가?

그가 사모하는 대상이란 광덕자신의 아내를 의미하는 것인데, 한 남자가 아내를 사랑하는 것은 일반적인 당연지사로 그것이 성불하는데 큰 의미를 가지고 있다고는 볼 수 없다.

그러나 광덕의 처는 본래 분황사의 계집종으로 그녀의 실체는 다름 아닌 관음보살인데 여자로 응신〔應身 : 불가에서 말하는 삼신(三神) 가운데 하나로 중생을 제도하기 위해 조건에 따라 여러 가지 모습으로 나타나는 부처의 이름〕한 것이라고 한다.

그들의 부부 인연은 불심으로 맺어진 부부일심의 관계일 뿐, 육신으로 맺어진 필부필부들의 부부일체 관계는 아니라고 생각된다.

광덕이 사랑한 것은 한 사람의 여성이 아니고 여성의 모습을 한 응신불로 나타난 부처님을 지극히 사랑하였다는 뜻이니, 곧 왕생극락하는데 부족함이 없음을 자부하고 있어 지은이의 깊은 신앙심이 드러나는 작품인 것이다.

그리고 아미타불이 부처가 되기 위해 48가지의 소원을 완전하게 성취하겠다는 결심을 전제 조건으로 내걸고 다짐하였다. 그가 48대원을 중심 내용으로 취한 이 노래는 길고긴 48가지의 소원을 모두 구체적으로 일일이 나열하지는 않았지만 여기에는 매우 길고 많은 내용이 담겨 있다고 보아야 옳다.

그러니까 다시 말해서 그 48가지 내용 가운데 첫째 소원으로 내가 부처되는 국토에는 지옥, 아귀, 축생 등 삼악도(三惡道)의 불행한 고통은 없을 것, 둘째 소원은 내가 부처되는 국토에 가서 나는 사람은 다시 삼악에 떨어질 염려가 없을 것…(중략)…마흔 일곱째 소원은 다른 세계 보살로서 내 이름을 들은 사람은 곧 물러가지 않는 지위에 들어갈 것, 끝으로 마흔 여덟 번 째 소원은 다른 세계 보살로서 내 이름을 들은 사람은 ⅰ)음향인(音響忍) ⅱ)유순인(柔順忍) ⅲ)무생법인(無生法忍)에 들어가 부처님 법에서 물러나지 아니할 것 등 48가지의 소원이 나열된 셈이다.

그런데 광덕으로부터 그 많은 소원을 전해 달라고 의뢰받은 달의 존재는 무엇일까? 그것은 사바 세계와 극락을 이어주는 서방의 사자로서 지은이 광덕에게 장엄한 정토를 구체적으로 떠올려 인식시켜 주는 인격적 존재로 보는 것이 일반적 견해다.

다른 시가에서 달의 역할과 존재는 종교의식을 내포한 경우는 그리 흔하지 않다. 그러므로 보통 작자를 대신하여 그의 의도나 심사를 상대편에 전해 주는 중간 역할의 경우도 있지만 그 밖에 아름다운 용모의 표본, 외롭고 쓸쓸함의 상징, 그리운 임의 모습, 「잔월효성(殘月曉星)」이란 이름으로 가장 높은 신뢰도를 가지고 오해의 소지를 없애기 위해 참되고 진실함을 보증하는 정의의 화신, 평화의 상징으로 「태평연월(太平烟月)」, 독백을 들어주는 믿음의 대상, 그리고 은둔자의 친구 등으로 등장하고 있다.

그러나 이 노래에서는 사자로서, 너그러운 법신인 달에 귀의하여 그 달을 통해 성불하기를 애걸하고 있다. 그러함에도 불구하고 이 몸만 홀로 버려 두고 48대원이 이루어진다면 그것은 지은이 자신의 바람이나 의지와는 하등의 관계가 없는 허사로운 왕생극락이 될까 우려하는 지극히 순백하고 깨끗한 불자의 노래라 할 것이다.

어떻든 광덕과 엄장이란 두 불자는 결과적으로 모두 서방정토에 왕생극락하게 된다. 그러나 서방정토에 이르는 성불의 길은 서로 달라 여러 면에서 대립되고 비교되는 수행의 길을 걷게 된다.

그것은 곧 성불의 길이란 한 곳으로만 통하는 단세포적인 외곬의 길이 아니라, 무수히 다양하고 다난한 고행의 길을 통과해야 한다는 것을 시사하고 있다.

여기서 또 다른 불자들의 고행에 대한 기사를 잠시 살펴보면 그들 역시 방법이 다를 뿐, 공통적으로 추구하는 목표는 한결 같아서 곧 서방정토에 거듭나는 과업의 성취라고 하는 정점 도달에 있는 것이다.

여기서 고려 균여대사(均如大師)의 보현십원가(普賢十願歌) 중의 하나인 향가 6번 「청전법륜가(請轉法輪歌)」를 보아도 역시 불자의 염원은 모두 한결 같다는 것을 알 수 있다.

〔이두 원형문〕

彼仍反隱 (피잉반은)
法界惡之叱佛會阿希 (법계악지질불회아희)
吾焉頓叱進良只 (오언돈질진량지)
法雨乙乞白乎叱等耶 (법우을걸백호질등야)
無明土深以理多 (무명토심이리다)
煩惱熱留煎將來出米 (번뇌열유전장래출미)
善芽毛冬長乙隱 (선아모동장을은)

衆生叱田乙潤只沙音也 (중생질전을윤지사음야)
後言 菩提叱菓音烏乙反隱 (후언 보리질과음오을반은)
覺月明斤秋察羅波處也 (각월명근추찰라파처야)

— 균여대사

〔한역 원형문〕
뎌 너븐
법계악앳 불회(佛會) 아해
법우(法雨)를 비살봇다라
무명토(無明土) 기피 무다
번뇌열(煩惱熱)루 다려내매
선아(善芽) 몬달 길은
중생전(衆生田)을 저지샤여
아으, 보리〔菩提〕여름 오알반
각월(覺月)발간 가살 바티여

〔해 설〕
저넓은
법계 안의 불회(佛會)에
나는 또 나아가서
부처님 은혜의 비를 맞았더라
진리를 어지럽히는 어두운 번뇌를 흙(속)에 깊이 묻고
(열심히)번뇌하는 뜨거운 열로 달여(끓여)냄에 의하여
착한 싹을 못 기르는
중생의 밭을 적셔(식혀) 주심이여
아아! 보리(수)의 열매가 싱그르고

각월이 밝은 가을 달이여.

검은 구름과 같이 어둡고 답답하게 얽힌 많은 번뇌를 벗어나 불법을 깨치고 맑은 가을 하늘에 떠오른 밝은 달처럼 환하게 비춰는 광활한 세상! 땅 속에 업보를 묻고 불타가 내리는 은혜의 비를 맞아 싹트고 크게 자라서 불회의 열매를 싱그럽게 맺는 아름다운 성불의 경지가 되게 해달라고 기원한다.

이 밖에도 또다른 두 사람의 대사가 바라는 극락왕생의 염원이 있다.

신라 때 백월산(白月山) 동남쪽에 선천촌이란 마을에 노힐부득(努肹夫得)과 달달박박(怛怛朴朴)이란 두 사람이 있었다. 풍체가 비범하고 세속을 벗어나 살고 싶어하는 높은 뜻이 서로 통하여 좋은 벗이 되었다. 그들은 어린 나이에 마을 동북쪽 준령 너머 법적방(法積房)에 가서 삭발하고 중이 되었다.

두 사람은 처자를 거느리고 와서 살림을 차리고 서로 왕래를 자주하며 수심안양(修心安養 : 마음을 닦아 극락에 이르는 것)할 것을 잠시도 잊지 않았다. 그러나 현재 생활에서의 인생무상을 벗어나기 위해 드디어 인간 속세를 버리고 더욱 깊은 산 속으로 숨어들려 할 때였다.

어느 날 밤 꿈자리에서 백호광(白毫光 : 부처의 이마에서 나오는 광채)이 서쪽으로부터 비쳐오는데 그 가운데 금색 팔〔腕〕이 나와서 두 사람의 이마를 짚었다. 잠을 깨어 서로 꿈 이야기를 하고 보니, 두 사람이 일치되는 내용이므로 매우 감탄하고 백월산 무등곡으로 들어갔다. 박박법사는 북쪽 준령의 사자암(獅子嵓)에 판자집을 짓고 삶으로 판방(板房)이라 했고, 부득법사는 동쪽 준령의 뇌석(磊石) 아래 물가에 방장(方丈)을 짓고 삶으로 뇌방(磊房)이라 했다. 그들은 심곡 암자에서 살며, 부득은 미륵을 삼가 구하고 박박은 아미타를 예념하였다.

성덕왕 즉위 8년 되던 해 어느 날, 저물어 가는 시간에 자태가 신묘하게 아름답고 난사(蘭麝) 향기를 풍기는 20세 전후의 낭자가 북암(박박의 판방)에 찾아와 하룻밤 유숙하기를 청하며 노래를 지어 바쳤다.

行逢日落千山暮 (행봉일락천산모)
路隔城遙絶四隣 (노격성요절사린)
今日欲投庵下宿 (금일욕투암하숙)
慈悲和尙莫生嗔 (자비화상막생진)

나그네 가는 길에 해는 져서 온 산이 어둡고
길 멀고 성(城 : 마을)은 아득해 외롭기 그지 없네
오늘 밤 초막 절(庵) 지붕 아래 유숙을 청하니
자비로운 (박박)화상이여 꾸짖어 거절 마시오.

그러나 박박은 절이 성역임을 들어 육체의 매력으로 사람을 홀려 육정을 일으키게 할 위험성이 있는 그런 여자의 접근을 허용할 수 없으니 어서 떠나 달라며 문을 닫고 들어가 버렸다.

그녀는 남암(동령에 방장을 차린 부득이 있는 곳을 말하는 것이니 동암이라 해야 옳다)으로 찾아가 북암에서와 같이 기숙을 청하니 부득 법사가 말하기를「그대는 아닌 밤중에 어디서 오셨오?」여자가 대답하기를「깨끗하고 고요하기가 우주 같은(몸 : 현실을 초월한 경지에 이름)데 어찌 오고 감이 있을 것이며 그 또한 무엇이 중요하겠습니까? 오직 어진 선비(법사)의 바라는 뜻이 깊고 덕행은 높아 변함 없다는 말을 듣고 앞날을 도와 보리〔菩提〕를 이루게 해드리려는 것 뿐입니다.」하고 게〔偈 : 불가의 사(詞)를 말하며 1구(句)를 4~7자로 하고 4구를 1게라 하는데 한시(漢詩)의 절구체 형식으로써 다만 내용이나 성격은 지금의 찬불가에 해당된다고 봄〕한 편을 지어 주었다.

日暮千山路 (일모천산로)
行行絶四隣 (행행절사린)
竹松陰轉邃 (죽송음전수)
溪洞響猶新 (계동향유신)
乞宿非迷路 (걸숙비미로)
尊師欲指津 (존사욕지진)
願惟從我請 (원유종아청)
且莫問何人 (차막문하인)

해 지는 산굽이 길
가도 가도 외로워라
송죽 그림자 그윽히 드리워진
계곡에 흐르는 물소리만 새로워라
길 잃고 잘 곳 없어 찾아 옴 아니요
존사(尊師)를 인도하려 함이라
원하오니 내 청을 받으시고
누구냐고 더는 묻지 마옵소서.

부득법사가 듣고 매우 놀라 말하기를 「이 지역은 부녀자의 상종으로 더럽혀질 수 없는 곳이기는 하지만, 중생의 뜻을 좇는 것도 역시 보살을 이루는 덕행의 하나일진대 하물며 깊은 산골짜기에서 밤이 어두웠으니 어찌 홀대를 하리오」라며 맞아 들였다. 부득은 그에게 읍하고 암자로 모셔 머물게 한 다음, 밤이 깊어지자 마음을 맑게 하고 생각을 가다듬어 단정히 앉아 희미한 등불 아래서 벽을 마주보며 염불에 들었다.

여명이 밝을 무렵 낭자가 부득을 불러 「내가 불행하게도 지금 산고

가 있으니 스님께서 손수 짚자리를 마련해 주시기 바랍니다.」고 했다.

부득이 측은하여 거절할 수가 없어 촛불을 들고 와 은은히 비춰보니 이미 출산은 끝난 상태인데 낭자는 또 목욕하기를 청하였다. 부득은 부끄러움과 두려움으로 갈등을 느끼면서도 불쌍한 마음이 앞서 내키지 않지만, 목욕통을 준비하여 물을 데워 목욕을 시키니 어느 새 탕물은 강한 향기를 풍기며 금물〔金液(금액) : 금색의 물〕로 변해 있었다.

크게 놀란 부득에게 낭자가 말하기를 「우리 법사님께서도 이 물에 목욕하십시오.」 부득은 거절할 수 없어 마지못해 순종하니 갑자기 정신이 맑고 상쾌해지면서 살결은 금빛으로 변하고 옆에는 연대(蓮臺) 하나가 놓여 있었다. 낭자가 부득에게 연대에 앉을 것을 권하고 나서 「나는 관음보살인데 여기에 나타나서 대사를 도와 대보살을 이루도록 한 것이요(我是觀音菩薩. 來助大師. 成大菩提矣 : 아시관음보살. 내조대사. 성대보리의)」라는 말을 하고 이내 어디론가 사라지고 말았다.

그날 밤 박박은 친구 부득법사가 그 절세미녀의 유혹에 빠져 파계하였을 것으로 예단하고 실컷 놀려나 주려고 찾아갔더니 예상과 달리 그는 연화대 위에 근엄하게 앉아 미륵존상(彌勒尊像)으로 변하여 광채를 내며 몸은 금빛으로 온통 물들어 있었다.

박박법사는 자신도 모르게 삼가 머리를 조아리고 어떻게 하룻밤 사이에 존전이 되었는지 물으니, 부득이 자초지종을 설명하자 탄식하며 말하기를 「나는 다행이 부처님을 만나기는 했으나 마음이 아직 열리지 않아 도리어 받아드리지 못했으니 덕을 많이 쌓고 지극히 어진 그대(부득)가 나보다 앞서 성불하셨소. 제발 옛 우정의 약속을 잊지 마시고 함께 이루어 봅시다.」

부득이 듣고 통 속에 남은 금액 물에 목욕을 하라고 일렀다. 박박이 목욕을 하고 나니, 과연 부득처럼 되어 무량수(無量壽 : 아미타의 존칭)를 이루니 두 부처가 의연하게 나란히 앉아있게 되었다.

산 아래 마을사람들이 이 소식을 듣고 다투어 달려와 감탄하였다. 두 부처는 그들에게 불법의 요지를 강론한 다음, 구름을 타고 어디론가 사라져버렸다.

이 사건은 755년에 즉위한 신라 경덕왕에게 알려졌고, 2년 후에 왕은 사자를 보내어 절을 세우고 백월산 남사(南寺)라 이름하여 금당에는 미륵존상(부득의)을, 강당에는 목욕통에 남은 금액이 모자라 몸 전체를 다 도색할 수 없었기 때문에 얼룩진 흔적이 있는 아미타불상(박박의)을 각각 안치했다는 것이다.

여기서 달달박박(怛怛朴朴)이 가는 수행의 길은 중생을 헤아림 보다 푸른 이끼 한 조각이라도 부정한 여자가 밟고 갈까 두려워할 만큼 깨끗하고 정숙한 수련의 길임에 반해, 노힐부득(努肹夫得)이 가는 수행의 길은 중생의 제도(濟度)는 중생을 긍휼히 여기고 사랑으로 가까이 해야 하는 자비의 길로써 전혀 속세를 받아들이지 않을 수 없는 길이다.

부득과 박박이 서로 다른 성불의 길을 택하여 극락으로 간 사실은 마땅히 칭송 받아야 할 것이다. 그러나 그들이 무량수를 이루게 된 것은 그들의 신앙을 시험하고 성불의 길로 인도한 성낭(聖娘 : 낭자)이 부녀의 몸으로 부처의 자비심을 가지고 중생을 섭화(攝化)하였기 때문에 가능했던 것으로 그를 찬송한 노래는 이렇다.

十里松陰一徑迷　(십리송음일경미)
訪僧來試夜(招)提 (방승래시야(초)제)
三槽浴罷天將曉　(삼조욕파천장효)
生下雙兒擲向西　(생하쌍아척향서)

십리 소나무 그늘 드리운 외길에서 헤매다가
늦은 밤 쉼터를 찾아 (두 사람의) 중을 시험했네

세 사람의 목욕 끝날 무렵 새벽이 머지 않은데
(낭자는) 두 아기 낳아 놓고 서쪽(서방정토)으로 떠났네.

성랑이 박박과 부득, 두 수도승을 찾아가 시험하니 성불하기에 충분하였다. 그래서 성랑은 산기를 일으켜 두 사람의 중으로 상징되는 두 아들을 낳았으니 참으로 그 낭자는 칭송 받을 만하다.

여기에서는 「원왕생가」의 광덕과 엄장이 그랬듯이, 박박과 부득 역시 그들이 서로 다른 수행의 길을 택하여 가고 있었지만 결국에 모두 성불을 이루게 된 것은 곧 불자의 가는 길에 결코 왕도가 없음을 의미한다.

도솔가(兜率歌)

경덕왕 19년 4월 초하루에 해가 나란히 두 개가 떠올라 열흘 동안이나 사라지지 않았다. 이런 현상을 보고 일관(日官)이 말하기를 「인연있는 중을 청하여 꽃의 향기로 악귀를 내몰고, 꽃을 좋아하여 꽃이 피면 와서 앉는다고 하는 부처를 모시기 위해 꽃잎을 뿌려 덕을 쌓아야 하는, 이른바 산화공덕을 지으면 재앙을 막을 수 있을 것입니다.(請緣僧作散花功德 則可禳 : 청연승작산화공덕 측가양)」라고 했다. 그의 말이 끝나자 조원전(朝元殿)을 깨끗이 하고 제단을 진설하니 청양루에 왕이 나와 인연있는 중을 기다리는데 마침 월명사(月明師)가 밭두렁을 따라 남쪽 길로 가고 있었다.

왕이 그를 불러 단 앞에 세우고 기도하는 글을 짓게 하니 「신승은 국선도 즉 화랑의 무리에 속한 몸으로 다만 향가를 알 뿐, 불가의 노래는 잘 모릅니다.(臣僧但屬於國仙之徒 只解鄕歌 不閑梵聲 : 신승단속어국선지도 지해향가 불한범성)」라고 사양하였다.

왕이 그대는 이미 산화공덕을 모두 이룬 중으로 인연이 닿아 선택한 것이니 향가인들 상관없다고 말하자 월명이 「도솔가(兜率歌)」를 지어 올렸다.

〔이두 원형문〕

今日此矣散花唱良 (금일차의산화창량)
巴寶白乎隱花良汝隱 (파보백호은화량여은)
直等隱心音矣命叱使以惡只 (직등은심음의명질사이악지)
彌勒座主陪立羅良 (미륵좌주배입나량)

— 월명사

〔한역 원형문〕

오날 이에 산화(散花) 블어
빠살븐 고자 너는
고단 마사매 명(命)ㅅ 브리압디
미륵좌주 뫼셔롸

〔해 설〕

오늘에 산화 노래 부르며
뿌리(뿌려지)는 꽃(잎)아, 너는
곧은 마음을 심부름 시켜(부려)서
(멀리 도솔천의) 미륵님을 뵈(모시)어라.

이 향가를 두고 항간의 사람들은 「산화가(散花歌)」라 부르지만, 그 노래는 따로 있는데 너무 길어서 싣지 못한 것이라며 이 노래는 「도솔가」라고 해야 옳다는 것이다. 그 주장을 뒷받침하기 위하여 이두로 된 「도솔가」를 칠언절구체(범가의 내용)로 다시 한역하여 다음과 같이 노래한 것으로 보인다.

龍樓此日散花歌 (용루차일산화가)
桃送靑雲一片花 (도송청운일편화)
殷重直心之所使 (은중직심지소사)
遠邀兜率大僊家 (원요도솔대선가)

용루(龍樓 : 대궐)에서 오늘 산화가 불러
청운에 꽃 한 송이 흩날려 보내니
은은하고 정중하며 곧은 마음이 시키는 대로
멀리 도솔천의 석가를 모시어라.

이것으로 인하여 두 개의 해가 떠오른 변괴는 곧 사라졌으며, 왕이 가상히 여겨 좋은 차(茶) 한 봉지와 수정으로 만든 염주 108개를 하사하였다.

이 때 어디선가 갑자기 용모가 곱고 깨끗한 동자 하나가 나타나 차와 염주를 대신 공손히 받들고 대궐 서쪽의 작은 문으로 사라졌다.

월명은 내궁의 사자로 알았고 왕은 스님의 종자로 알고 묵과하려다 자세히 살펴보니, 양쪽의 짐작이 다 틀린 추측이었다. 왕은 심상치 않게 여겨 사람을 뒤쫓게 하니 동자는 내원의 탑 속으로 숨고, 차와 염주는 남쪽의 미륵상 벽화 앞에 놓여 있었다. 그로 인하여 월명의 지극한 덕과 정성이 미륵보살을 크게 감동시켰다는 사실을 조야에서 모르는 사람이 없었다. 왕은 더욱 공경심이 생겨 월명에게 다시 비단 백필을 주어 크게 치하 하였다.

제망매가(祭亡妹歌)

「도솔가」를 지어 하늘에 뜬 두 해를 사라지게 한 월명대사는 일찍이 사랑하는 누이 동생을 잃었다. 그가 향가를 지어 누이 동생의 제사를 지내려 하는데, 느닷없이 회오리바람이 일더니 진설한 지전(紙錢)을 서쪽으로 날려 사라지게 했는데, 여기서 재를 올리기 위해 지은 향가는 짐작하건데 축문을 대신하는 성격의 노래라고 여겨진다.

〔이두 원형문〕

生死路隱　(생사로은)
此矣有阿米此肹伊遣　(차의유아미차힐이견)
吾隱去內如辭叱都　(오은거내여사질도)
毛如云遣去內尼叱古　(모여운견거내니질고)
於內秋察早隱風未　(어내추찰조은풍미)
此矣彼矣浮良落尸葉如　(차의피의부량낙시엽여)
一等隱枝良出古　(일등은지량출고)

去奴隱處毛冬乎丁 (거노은처모동호정)
阿也, 彌陀刹良逢乎吾 (아야, 미타찰량봉호오)
道修良待是古如 (도수량대시고여)

— 월명사

〔한역 원형문〕
생사로(生死路)난
예 이샤매 저히고
나난 가나다 말고
몯다 닏고 가나닛고
어느 가살 이른 바라매
이에 저에 떨딜 닙다이
하단 가재 나고
가논 곧 모다온뎌
아으, 미타찰(彌陀刹)애 맛보올내
도(道)닷가 기드리고다

〔해 설〕
죽고 사는 길이
여기에 있음에 두려워서
나는 가렵니다 라는 말도
못다 이른 채 갔느냐(누이 동생아!)
어느 가을철 때 이른 바람에
여기 저기 뒹구는 낙엽처럼
한 가지에(서) 나고도
(서로)가는 곳을 알 수 없어라
아아! 극락에서 만나게 될 우리(나)는

불자의 도를 닦으며 기다리련다.

이 노래를 지은 월명은 항상 사천왕사(四天王寺)에 있으면서 때때로 피리를 잘 불었다. 어느 날 달밤에 피리를 불면서 문 앞에 있는 큰 길을 걷는데 밝은 달이 머리 위 중천에서 움직일(넘어 갈) 줄 모르고 붙박혀 있었다 하여, 그 길이 있는 곳을 월명리(月明里)라고 했으며 이로써 대사의 이름 또한 월명사라고 부르게 되었다.

능준(能俊)대사의 제자인 월명대사는 향가에 매우 능했던 것으로 보인다. 그리고 신라인들 가운데는 향가를 숭상한 사람이 많았는데 그것은 시(詩)나 송(頌 : 고덕을 기리는 노래)과 같은 것으로써 더러는 매우 감동적인 작품도 있었다. 월명이 죽은 누이를 못 잊어 제사 때 향가를 지어 노래 부르고 「만덕화(萬德花)」라는 제목의 곡조를 피리로 불며 극락에 다시 태어나 누이와 만나기를 간구하는 수도승의 혈연에 대한 깊은 우애와 신앙심을 찬미한 노래가 있다.

風送飛錢資逝妹 (풍송비전자서매)
笛搖明月住姮娥 (적요명월주항아)
莫言兜率連天遠 (막언도솔연천원)
萬德花迎一曲歌 (만덕화영일곡가)

바람은 종잇돈 날려 죽은 누이 노자로 보내 주고
피리 소리는 (죽은 누이 동생을) 밝은 달나라의 항아로 살게 했네
(밝은 달아! 남매가 죽어서 만나게 될) 도솔천이 하늘처럼 가없다 (말하지)말고
만덕화(월명이 피리로 불고 다니던 곡명) 한 곡조에 (누이를) 반겨 맞아라.

중생의 생사는 번거롭고 괴로운 것이다. 일단 태어나면 사고팔고(四苦八苦)의 온갖 고통에서 헤어나지 못하고 생을 마감하는 순간까지 죽음의 공포와 두려움을 안고 가야하는 측은한 인생이다. 참으로 절대자인 메시아의 입장에서 볼 때 그 이상 긍휼한 존재는 없을 것이다. 월명의 사랑하는 누이 동생처럼 죽음의 공포에 질려 주눅이 들어, 죽겠다는 말 한 마디 고하지 못하고 때 이른 초가을 날 스산하게 나뒹구는 낙엽처럼 불쌍하게 어디론가 사라질 인생이라면 차라리 태어 나지 않음만 못하다는 것이다.

신라 경주에 남편 없는 한 과부가 아들을 낳았는데, 12세가 될 때까지 말도 못하고 일어나지도 못하여 사동(蛇童 : 뱀 같이 기어다니는 아이)이라고 불렀다. 어느 날 그 어머니가 죽었는데 사동이 경주 고선사(高仙寺)에 있는 원효를 찾아가서 말하기를 전생에 살 때 원효와 사동 자신이 불경을 싣고 다니던 암소(사복 자신의 어머니를 의미함)가 오늘 죽었으니, 함께 장례를 치르는 것이 옳지 않겠느냐고 하자 원효 역시 쾌히 응하고 사복의 집으로 갔다.

장례에 앞서 사복〔蛇福 또는 사동(蛇童)〕은 원효로 하여금 포살〔布薩 : 보름마다 중들이 모여 속세를 등지고 출가한 사람들에게 계경(戒經 : 기독교에서 말하는 율법서와 같은 것이라고 생각되는데 불가에서는 승려들이 지켜야 할 출가계 같은 계율)을 강론하여 보름간 지은 죄를 회개시켜 선행을 쌓는 수도의 길로 인도하는 불교의식〕을 통하여 죽은 어머니에게 계(戒 : 중이 지켜 갈 행동규범)를 내려달라고 간청하자, 곧 시체를 대하고 앉아서 빌며 「생사고해가(生死苦兮歌)」를 지어 노래하였다.

莫生兮其死也苦 (막생혜기사야고)
莫死兮其生也苦 (막사혜기생야고)

태어나지 말지니 죽기가 괴로우니라
죽지나 말지니 다시 태어나면 괴로운 것이니라.

사동이 시〔詩 또는 사(詞)〕가 너무 길어 번거로우니 함축시켜 간결하게 지어주기를 바라므로 원효는 다시 고쳐서 말하였다.

生死苦兮 (생사고혜)
죽고 사는 것이 모두 괴로움 그 자체니라.

그러니까 이 노래는 낳고 죽는 윤회생사의 괴로움을 떠나 이제부터 인간 세상에 다시는 태어나지 말고 해탈을 얻고 영원히 연화장(蓮花藏)으로 가라는 축원의 노래라고 할 수 있다.

그것을 더더욱 확실히 해 주기 위하여 그들은 상여를 메고 장지인 활리산(活里山) 동쪽으로 가서 원효가 「지혜로운 범을 지혜의 숲에 장사지냄이 또한 마땅한 순리가 아니겠는가?(葬智惠虎於智惠林中 不亦宜乎 : 장지혜호어지혜림중 불역의호)」라고 말했다. 그것은 원효와 사동이 전생에 경전을 싣고 다닐 때 부린 소의 주인이었다고 하는 업보로 인하여 사동이 죽은 어머니(전생에 암소)의 아들로 태어난 것이니, 자식으로서 할 일은 어머니의 영혼을 연화장의 나라로 보내주는 일일 것이다. 그래서 죽은 어머니를 불가에서 말하는 인생무상을 깨달았다는 의미로 비유되는 「지혜의 범」으로 규정했고, 그를 인생무상을 깨친 이들이 죽어서 가는 세상, 즉 여기서는 연화장과 같은 세계라고 말 할 수 있는 「지혜의 숲」에 장사함이 진리가 아니냐는 뜻이다.

여기에 사동의 간절한 마음을 함께 실어 지은 게(偈)를 읊으니 그 노래는 이렇다.

往昔釋迦牟尼佛 (왕석석가무니불)
娑羅樹間入涅槃 (파라수간입열반)
于今亦有如彼者 (우금역유여피자)
欲入蓮花藏界寬 (욕입연화장계관)

그 옛날 석가무니 부처님께옵서
사라수 숲에서 열반 하셨듯
지금 또 그같이 깨달은 사람이 있어
연화장의 나라로 들어가려 하옵네.

이렇게 노래하고 무덤을 파기 시작했는데, 땅 속에 칠보로 장식한 별 천지의 세계가 있어 사복은 어머니의 시체를 업고 함께 들어가니, 순식간에 땅이 합쳐지며 닫혀 버렸다.

불가에서는 인생이 부질없는 전생의 업보로인한 고행일지니 가능하면 속세에 나오지 말아야 하고 일단 태어난 몸이라면 단 한번에 열반에 들어 윤회(계속되는 생사의 반복)에서 벗어나기를 갈구하고 있는 것이다.

우적가(遇賊歌)

구도자 영재(永才)는 성격이 활달하며 익살스럽고 재물에는 욕심이 없는 깨끗한 사람으로 향가에 능통한 인물이었다.

나이가 들어 장차 여생을 남악(南岳)에 은거하려고 대현령이란 고개에 이르렀을 때, 산적 60여 명을 만나게 되었다. 도둑들이 영재를 해치려고 칼을 휘둘렀으나 두려워하지 않고 침착하고 온화하게 처신하였다. 도둑들이 의연한 그의 태도를 비범하게 여겨 이름을 물으니 영재라고 대답하였다.

도둑 무리들은 평소에도 향가에 조예가 깊은 그의 이름을 익히 들은 바 있으므로, 영재라는 인물인지를 확인해 보기 위함이었던지 노래를 지어 보라고 하였다.

이 때 지어 부른 노래가 「우적가(遇賊歌)」이다.

〔이두 원형문〕

自矣心米　　　　(자의심미)

兒史毛達只將來呑隱日 (아사모달지장래탄은일)
遠烏逸◯◯過出知遣 (원오일◯◯과출지견)
今呑藪未去遣省如 (금탄수미거견성여)
但非乎隱焉破◯主 (단비호은언파◯주)
次弗◯史內於都還於尸朗也 (차불◯사내어도환어시랑야)
此兵物叱沙過乎 (차병물질사과호)
乎尸曰沙也內乎呑叱 (호시왈사야내호탄질)
阿耶, 唯只伊吾音之叱恨隱潽陵隱 (아야, 유지이오음지질한은선릉은)
安支尙宅都乎隱以多. (안지상택도호은이다.)

— 영 재

〔한역 원형문〕
제 마사매
즛 모다렷단 날
머리 ◯◯ 지나치고
열ㅅ단 수메 가고쇼다
오직 외온 파계주(破戒主)
저플 즈새 나외 또 돌려
이 잠갈사 디내온
됴한날 새누옷다니
아으, 오지 이오맛한 선은
안디 새집 다외니다.

(주 - ◯:원전에서 글자가 빠진 부분)

〔해 설〕
제 마음이
참됨을 알지 못하고

멀리 멀리 떠나 보내고
지금은 (뉘우치고 부끄러워)숨어서 가고 있습니다.
다만 못된 도둑 무리를 만났다고
두려워서 (오던 길을)되돌아 갈 것인가?
(도둑의) 칼에 죽게 되면
더 좋은 (극락이 기다리는)날 기뻐할 일인데
아아! 오직 (도둑을 긍휼히 여기는)정도의 선행으로는
극락왕생 못이룰까 염려함이로다.

이 노래의 후렴구에는 도둑들을 용서하는 정도의 선행으로는 너무 소극적이고 미진하여 극락왕생이 어려우니 죄인들을 구원의 손길로 인도하기 위해 적극적인 포교 사역을 해야 된다는 것이다.

도둑 무리들은 그 노래를 듣고 영재가 틀림없을 뿐아니라 가사의 내용이 훌륭하고 심오하여 감명을 받고 비단 2단(端)을 주었다.

영재는 웃으며 「재물을 탐함이 지옥에 가는 근본임을 알고 있기 때문에 그것을 피해 장차 궁벽한 벽지에 들어가 여생을 보내려고 이렇게 입산 중인데 어찌 이런 것을 받겠느냐?(知財賄之爲地獄根本 將避於窮山 以餞一生 何敢受焉 : 지재회지위지옥근본 장피어궁산 이전일생 하감수언)」며 땅바닥에 내던졌다.

놀란 도둑들은 그 말에 감동하여 가졌던 창과 칼을 모두 버리고 삭발한 다음 영재의 제자가 되어서 함께 지리산으로 숨어들어 다시는 속세에 모습을 나타내지 않았다.

영재의 나이 90세에 이르렀을 때는 도둑이 없어 살기 좋은 평화로운 시대가 되었으니, 그의 행적을 찬미한 노래가 마땅히 있어야 옳을 것이다.

策杖歸山意轉心 (책장귀산의전심)
綺紈珠玉豈治心 (기환주옥개치심)
綠林君子休相贈 (녹림군자휴상증)
地獄無根只寸金 (지옥무근지촌금)

지팡이 의지하고 산으로 들어 간 깊은 뜻을
값진 비단 구슬(따위)로 그 결심을 어찌 바꾸리
산적 떼거리들아 그 따위 것 주지 말라
지옥은 작은 물욕이라고 피할 수 없음이라.

돈과 권력을 위해서라면 모든 것을 포기할 수도 있는 속인을 경계하기 위한 노래다. 어느 종교든 사람이 사람답게 살아가고 있는가를 판단하는 공통된 기준은 인간이 얼마나 물질에 집착하느냐의 여부에 따라 구별하는 일이다. 그러므로 성직자는 특히 금욕 생활을 위해 부단히 수양을 쌓아 금골(金骨)의 경지에 이르는 것을 목표로 하고 있다.

영재가 화적떼와 조우한 위기에서 여유롭고 태연스러울 수 있었던 것은 수도의 경지가 어디까지 이르렀는가를 보여 주는 좋은 본보기라 할 수 있다.

그러나 반드시 영재의 경우처럼 위기가 있어야 구도자의 진면목을 보게 되는 것은 아니다.

속세의 저잣거리에서 보통 사람의 눈에는 지나치게 평범하여 별 생각 없이 간과해 버릴 수도 있는 매우 사사로운 일을, 외형 그 자체로 보지 않고 절대자의 계시가 깊은 곳에 들어 있음을 꿰뚫어 볼 줄 아는 혜안을 가진 구도자가 볼 때는 전혀 그렇지 않을 수도 있다.

신라 신문왕 때 고승 경흥(憬興)은 18세에 이미 중이 되어 삼장(三藏)에 통달하여 명망이 높았다. 문무왕이 장차 세상을 떠나려 할 즈음에 아들 신문왕에게 유언하기를 「경흥법사는 국사가 될 만하니 내 말을 잊지 말아라.」고 했다.

부왕이 죽고 신문왕이 즉위하자, 고명을 따라 경흥을 국로〔國老 또는 국사(國師): 국가나 임금의 사표가 되는 고승〕로 책봉하고 삼랑사(三郎寺 : 경주에 있었던 절)에 살게 했는데, 갑자기 병이 생겨 한 달간 와병 중에 있었다.

이때 여승 한 사람이 찾아와 문안을 드린 다음 「화엄경」 속에는 착한 벗(곧 여승 자신)이 병을 고칠 수 있다는 말이 있음을 상기시키고 「지금 스님의 병은 근심으로 인하여 생긴 것이니 마음을 활짝 열고 기쁜 생각을 하며 통쾌하게 웃으면 나으실 것입니다.(今師之疾. 憂勞所致. 喜笑可治 : 금사지질. 우로소치. 희소가치.)」라고 말한 후, 열 한가지의 우스꽝스러운 춤사위 형체를 만드니, 보는 사람으로 하여금 너무나 우스워 턱이 빠질 지경이었다.

이로 인하여 경흥법사의 병은 어느새 씻은 듯이 나았고, 여승이 물러나서 삼랑사 남쪽에 있는 남항사에 들어가 숨을 때에 짚고 다니던 지팡이는 그 당시 새로 단장하고 꾸민 화불 십이면 원통상(佛畵 十二面 圓通像 : 부처나 보살의 12가지 모습을 그린 그림) 앞에 놓여 있었다.

경흥이 어느 날 입궐을 하는데 시종하는 이들이 동쪽 문 밖에서 채비를 차리고 있는데 말과 안장을 비롯하여 행장이 매우 지나치게 화려하고 위세당당한 행차 준비에 질린 사람들이 길을 비켜 갔다.

그런데 거사 한 사람이 모습이 무척 초췌하고 엉성한데다 손에는 지팡이를 짚고 등에는 광주리를 지게처럼 지고 나타나, 하마대(下馬臺) 위에 엉덩이를 걸치고 앉아 쉬는데 광주리 속에는 마른 물고기가 들어 있었다. 경흥을 시종하기 위해 채비를 서둘던 사람들이 꾸짖으며 「너는 중의 신분을 가지고 어찌 더러운 물건(말린 물고기)을 지고 국사의 행차를 더럽히려 하느냐?」고 소리쳐 말하였다.

그런데 그 남루한 중은 오히려 위세가 등등하여「살아 있는 생고기(말)를 사타구니에 끼고 다니는 것(말을 타고 거들먹거리는 경흥의 허세롭고 사치해 보이는 모습) 보다 저자에서 파는 건어물을 지고 다니는 것이 더 나쁘단 말인고?〔與其挾生肉於兩股間 皆眞(背負)三市之枯魚 有何所嫌 : 여기협생육어양고간 개진(배부)삼시지고어 유하소혐〕」라며 크게 힐책하며 일어나서 가버렸다.

경흥이 막 동문을 열고 나오는데 왁자지껄한 와중 한가운데 앉은 남루한 중의 말을 듣는 순간, 비범한 일이 아님을 알고 그를 좇게 하니 경주 남산에 있는 문수사(文殊寺) 문 앞에 이르러 광주리를 버리고 숨었는데, 짚고 가던 지팡이는 문수보살상 앞에 있으며 마른 물고기는 바로 소나무 껍질이었다.

돌아온 사자가 이 광경을 경흥에게 보고하니 경흥은 국사로서 자신의 탐욕스러운 처신이 불심을 통해 보았을 때 얼마나 한심스러운 처신이었나를 깨닫고 탄식하기를「문수보살이 오셔서 내가 말 타고 다니는 꼬락서니를 보시고 경계하라는 뜻이 계셨구나!」하고 죽을 때까지 절대 말을 타지 않았다.

그후, 경흥이 뿌린 공덕은 현본(玄本)이란 중이 찬미한 바가 있어 삼랑사 비문에 자세히 적혀 있다.

일찍이 미륵보살은 보현장경(普賢章經)에서「나는 내세에 염부제(閻浮提 : 인도)에 태어나서 먼저 석가무니의 가르침이 쇠퇴한 시기의 제자들을 먼저 제도할 것이다. 그러나 다만 말 타고 다니는 비구승만은 제외시켜서 부처님을 뵐 수 없게 할 것이다.」라고 말했다. 그로 인해 깨달음이 있어 말(馬)을 버리고 이미 사바 세계를 벗어나 초월해 가고 있는 경흥을 기려 지은 찬가가 있다.

昔賢垂範意彌多 (석현수범의미다)

胡乃兒孫莫切磋 (호내아손막절차)
背底枯魚猶可事 (배저고어유가사)
那心他日負龍華 (나심타일부룡화)

옛 현인의 모범은 두루두루 뜻한 바가 많은 것인데
어찌해서 후손들은 열심히 갈고 닦지 않느냐?
마른 고기 등에 진 건 (말 탄 것)보다 옳을지 모르나
나중에 부처(의 가르침)를 등지(깨닫지 못하)게 될 때 어찌하려오.

이 노래는 경흥이 말을 타고 다니므로 해서 미륵보살의 계율에 어긋나는 오만하고 경박함, 그리고 탐관오리와 같은 태도를 경고하고 있다. 그러나 문수보살이 보여준 마른 물고기를 가까이 하는 행위 역시 말을 타고 다니는 경흥의 행동과 크게 다르지 않으니, 그 두 가지 행위는 시시비비의 문제가 될 성격이 아니며 오직 불자들의 크고 작은 물욕으로써 성불에 도움이 되지 않으니 어디까지나 영재처럼 무념무욕의 청빈이 극락왕생의 첩경이란 뜻의 노래다.

제2편 고려 가요(高麗 歌謠)

1. 석별한 남녀의 정한을 담은 노래

가시리

국문학자들로부터 동서고금을 막론하고 시간과 공간을 초월하여 이 노래말 보다 더 빼어난 명작은 일찍이 전무후무하다고 극찬을 받는 작품이다.

대표적 예로 이 노래를 평하여 말하기를 「통편(通篇) 67자 20수어(數語)의 소박미와 함축미, 절절한 애원, 면면한 정한, 아울러 그 구법(句法)과 장법(章法)을 따를 만한 노래가 어디 있느뇨. 후인은 부질없이 다변과 기교와 췌사(贅辭)와 기어로써 혹은 수천어 혹은 기백행(幾百行)을 늘어놓아… 일편의 정한을 서(敍)하려 하되 하나도 이 일편의 의취에서 더함이 없고 오히려 이 수행의 충곡을 못미침이 많으니, 본가(本歌)야 말로 동서문학의 별장(別章)의 압권이 아니랴…(양주동 · 평설)」라고 말하였다.

그래서 제 아무리 많은 시어를 끌어 와, 제 아무리 장황하고 긴 사연으로 엮는다 해도, 이처럼 지은이의 애끊는 이별의 시심을 가장 짧게 함축시켜 아름답고 선연하게 진심을 표현해 내기란 불가능한 것이다.

장르는 다르지만 고전 소설 가운데 최고봉인 「춘향전(春香傳)」에서 이몽룡과 성춘향의 이별 장면은 대충 어림 짐작으로 보아도 단편소설 한편의 길이에 가까운 장문의 글이다.

소설의 특성이 산문적 표현 방법을 취할 수밖에 없어 서술형 문장이 운명적으로 내포해야 하는 템포상의 약점을 감안한다 해도, 우리에게 주는 이별의 감동은 4연 12행으로 압축된 「가시리」에서 만끽할 수 있는 산뜻함, 깔끔함, 박진감과 진실성의 부족으로 여운이 짧아 필적이 되지 못한다. 그 뿐만 아니라 어느 면에서는 진부하고 끈적이는 느낌 마저 주고 있어 전달되는 이미지는 한결 다르다.

춘향은 이도령에게 이별이 불가피하다는 말을 듣고 안색이 변하여 붉으락 푸르락 눈을 가늘게 뜨고 눈썹이 꼿꼿해지면서 코가 발심 발심 하며 이를 뾰도독 뾰도독 갈며 매가 꿩을 차는 듯 하고 앉더니… 왈칵 뛰어 달려들며 치맛자락도 와드득 좌르륵 찢어버리고 머리도 와드득 쥐어뜯어 싹싹 비벼 도련님 앞에 던지며,

「무엇이 어쩌고 어째요? 이것도 쓸데 없다.」

면경, 체경, 산호죽절(산호를 대마디 모양으로 만든 비녀)을 두루쳐 방문 밖에 탕탕 부딪치며 발도 동동 굴러 손뼉치며 돌아앉아 울며…

춘향이가 이성을 잃었다기 보다 지금까지 한번도 나타나지 않았던 정신 이상적 기질이 발작되는 행동을 보여주는 대목이다.

거기에다 춘향 모 월매는 춘향이에게 먼저 포악을 잠시 퍼부은 후, 곧 이어 화살의 방향을 돌려 평소에 춘향이의 나무랄데 없는 행실을 앞세워 이 도령을 강력히 성토한다.

「이년, 이년 썩 죽어라. 살아서 쓸데 없다. 너 죽은 시체라도 저 양반이 지고 가게, 저 양반 올라가면 뉘 간장을 녹이려느냐?… 내 딸 춘향

을 버리고 간다하니 무슨 죄로 그러시오? 행실이 그르던가, 예절이 그르던가, 바느질이 그르던가, 언어가 불손한가, 잡스런 행실로 창녀같이 음란 턴가, 무엇이 그르던가…」

이런 식으로 남녀가 유별했던 당시의 도덕적 관념이나 양반 계급의 규범을 기준으로 할 때, 퇴기의 신분으로써 이성을 잃고 모녀간에 난동을 피우며 이도령을 몰아 세우는 천덕스럽고 무례한 장면을 그리고 있다. 그런고로 설사 춘향이가 지금까지 양반집 요조숙녀를 능가할 만큼 반듯한 행실로 일관해 왔다 해도, 단 한번의 무절제한 안하무인의 인사불성 행위에 춘향 모까지 가세하여 귀동자를 능멸한 처사는 능히 기존의 행실이나 애정을 깡그리 상쇄 당하고도 부족하며, 이 도령으로 하여금 자칫 영영 등을 돌릴 위험성 마저 다분히 안고 있는 사건이다.

그러므로 얼마 후에 냉정해진 춘향은 월매의 소행이 백해무익하다는 것을 인식하고 뒷일을 위해 진정시킨다.

「마소 어머니, 도령님 너무 조르지 마소. 우리 모녀의 평생 신세가 도령님의 장중에 매였으니 알아 하시라 당부나 하오. 이번에 아무래도 이별할 밖에 수가 없네. 기왕에 이별할 바에는 가시는 도령님을 왜 조르겠습니까마는…」

드디어 춘향이는 이성을 회복하여 치나치게 극성을 떨면 이도령이 괘씸한 마음을 품고 다시 오지 않을 것을 우려하고 있다.

사랑이 극진한 연인과의 헤어짐을 완강히 거부하다가 마침내 이별을 인정하게 되지만 이별 후에 변심을 우려하여 지나치게 심한 다그침을 자제하며 괴로움도 참고 쉽사리 되돌아 오도록 연인의 마음을 헤아리기에 이른다. 그래서 조심스럽게 보내 줄 수밖에 없어 마침내 조용히 이별의 정회를 풀어 간 과정에 있어서는 「가시리」와 흡사하다. 그렇지만 「춘향전」이 수많은 어휘를 구사한 장문의 글인데도 감동적인 면에서 미진한 느낌을 주는 것은 흥분이 극에 달한 춘향 모녀가 난동에 가까운 소란을 떨었기 때문이기도 하거니와, 상대적으로 조용하고 침착하게 할 말을 다하면서도 고별의 아픔을 내면으로 잘 삭여내는 이지적인 여인상을 완벽하게 그려내는데 성공한 「가시리」는 얼마나 뛰어난 작품인가.

『춘향전』은 소설 그 자체로 볼 때, 다른 고전의 추종을 불허하는 명작이지만 이별을 주제로 한 대목에 한해서는 꼭 그렇지 않다. 해야 할 말은 다 끝냈지만 그 뜻은 아직도 다하지 않고 모든 사람의 가슴에 감동으로 오래오래 여운을 남겨주는 고려시가의 최고봉인 「가시리」에 미치지 못하기 때문이다.

가시리 가시리잇고 나난
바리고 가시리잇고 나난
위 증즐가 대평성대(大平盛大)

날러는 엇디 살라고
바리고 가시리잇고 나난
위 증즐가 대평성대(大平盛大)

잡사와 두어리마 나난
선하면 아니올셰라
위 증즐가 대평성대(大平盛大)

셜온님 보내압노니 나난

가시는 듯 도셔오쇼셔 나난
위 증즐가 대평성대(大平盛大)

— 작자 미상

〔해 설〕
가시렵니까 가시려하옵니까
버려 두고 가시려 하옵니까?

나더러 어떻게 살라고
버려 두고 가시려 하옵니까?

붙잡아 둘 일이지만
극성떨면 돌아오지 않으실세라.

보내기 서러운 임을 마지 못해 보내오니
부디 가시는 즉시 되 오소서.

이 노래는 『악장가사』에 우리말로 수록된 현존 여요 12곡 가운데 유일하게 순수하고 아름다운 한글로 노래말이 기록되었고 제목도 「가시리」라고 올라 있다. 그러나 제 1연만 수록한 『시용향악보』에는 「귀호곡(歸乎曲)」이라는 또 하나의 한역 제목으로 실려 있기도 하다.

「서경별곡」에서 재언 하겠지만 시가(詩歌) 문학작품을 통하여 볼 때, 고려 여인과 조선 여인들의 애정관이나 연애 감정의 표현은 여러 면에 있어서 사뭇 다르게 나타난다.

「가시리」는 사랑의 절실함과 애끊는 이별의 정한을 유감 없이 모두 풀어낸 것으로 만족하지 않고 다시 만날 재회의 다짐을 전제로 하고 있다.

비록 임을 보내는 쪽의 일방적인 요구이기는 하지만, 기정 사실화된 이별을 가지고 더 이상 왈가왈부 한다는 것은 매우 비생산적이고 진부한 감정 싸움일 뿐이며, 또한 앞날의 재회에 마이너스 요인으로 작용하게 된다. 그래서 일단 긍정적으로 수용하고 임을 보내기는 하지만 되짚어 돌아오지 않을 수 없도록 연인의 족적에 대해 끊임없이 관심을 갖겠다는 적극적인 의지를 넌지시 암시하고 있다. 그러면서도 자칫 적극성이 지나쳐 떠날 수밖에 없는 임의 입지를 헤아리지 못하고 막무가내로 굴다가 자못 극성스럽고 완악한 심성을 가진 여인으로 오해될 것을 염려하여, 이별의 순간 순간의 행동 거지를 절제하는 세심함까지 보일 만큼 열린 마음으로 사랑을 끝까지 챙기기 위한 사전 포석을 깔고 있다.

그러나 조선 시대의 여인들은 철저하게 여필종부(女必從夫 : 여자는 반드시 남자의 뜻에 따라야 한다.) 사상에 지배를 받고 적응해 온 때문인지 내면으로만 사랑의 열병을 앓는 수동적이고 소극적 자세를 보이고있다.

옛시조의 최고 걸작인 황진이(黃眞伊)의 시조를 한 수 감상해 보면 쉽게 이해하게 된다.

청산리 벽계수야 수이 감을 자랑 마라
일도 창해하면 다시 오기 어려워라
명월이 만공산하니 쉬어 간들 어떠리

사랑하는 벽계수여! 푸른 산 계곡을 급히 잘도 흘러가는 맑고 푸른 물인 양 나를 찾아 왔다가 이내 돌아가려는 것이 무슨 자랑인 것처럼 뽐내지 마라. 일단 넓고 푸른 바다처럼 광활한 세상으로 나가면 나를 다시 찾아오기란 그리 쉽지 않으리니, 달빛만 가득한 텅 빈 산골처럼 쓸쓸하고 외로운 황진이의 품에 안겨 한 점의 아쉬움도 없는 정사를 나누고 천천히 돌아간들 어떠하겠느냐며 원망스러워한다.

여하간 음풍농월할 시우(詩友)와 무얼 하기 위해서였던 찾아온 남정네가 오래 머물지 않고 곧 떠나간다는 것은 황진이로서 허탈하고 아쉬운 중대 사건인데도 불구하고 단순히 이별의 시간을 지연시켜 미적거려 주기를 바랄 뿐, 이별 후 재회에 대해서는 특별한 관심이나 대안을 갖지 않고 있다.

그래서 이별을 이별로 끝내지 않고 사생 결단의 끈질김과 뜨거움으로 사랑을 오래도록 영속시키려는 여요(麗謠)의 작품 경향과 달리, 조선시대의 시가는 처분만을 기다리며 은은하고 다소곳한 마음으로 이별을 슬퍼하는 것이 고작이다.

동 동(動 動)

우리 고전 시가에서 최초의 월령가 형식으로 만들어진 송도체(頌禱体) 가요이다.

지금까지 여러 논자들은 '죽은 사람을 향한 한 여인의 애절한 사랑을 매달의 세시 풍속에 의존하여 피력한 노래'라고 설명하고 있다. 세시 풍속의 특성을 취해 그리운 망자에 연연하는 심회를 대입 · 조화시킨 월령체 노래라고 보는 기존의 견해는 전해지는 자료와 가사 내용에 나타난 사실을 논거로 해서 밝혔기 때문에 별다른 이의가 없다. 그러나 한 걸음 더 나아가, 이 노래가 굳이 월령체로 만들어져야 했던 이유를 밝히려는 문제의식을 가지고 접근을 시도해 볼 필요가 있다. 어떤 논거를 들어 밝힐 수는 없으나 필연적으로 작용했을 것으로 추정되는 월령체 도입의 요인이 은폐되었다는 전제 아래 추심해 볼 필요가 있다.

이 노래가 실제 궁중에서부터 서민 계층에 이르기까지 시간과 처소에 관계 없이 불려졌지만 작자의 의도는 어디까지나 서민 계층의 정서에 초점을 맞추기 위해 그들의 세시 풍속을 바탕에 깔았다고 볼 수 있다. 그래서 죽은 임을 추도하고 절실하게 그리워하는 심회를 보다 효과적으로 읊기 위해서는 필시 삭망절 까지도 염두에 두고 구성한 것으로 보인다.

부모나 남편의 삼년상(三年喪)을 입고 있는 동안, 후손들이나 유족들은 매달 초하루와 보름에 걸쳐 삭망전(朔望奠) 제사를 모시는 게 우리 고유의 전통 상례인 것이다. 앞서 간 남편(연인)에 대한 정한을 통곡의 눈물로 후련하게 씻어낼 뿐 아니라, 무겁게 쌓여온 회포를 풀고 앞날의 바람을 송축하기에 가장 적합하고 보편 타당한 때는 아무래도 삭망전 제삿날 보다 더 좋은 기회는 없기 때문이다.

13개의 연(聯) 가운데 2, 6, 7, 8월 조에 거듭해서 나오는 「보름」이란 시어는 그 달에 들어있는 연등일, 유두날, 백종날, 중추절 등 크고 작은 우리 고유의 세시 풍속상의 월중 명절이기도 하지만, 겸해서 사랑하는 사람의 죽음을 애도하며 제(祭)를 올려야 하는 망일(望日)에도 해당되기 때문에 월령체 형식으로 만든 조시(弔詩) 성격의 노래일 가능성을 배제할 수 없다.

그러니까 죽은 망자와 새로 나타난 연인 사이에서 갈등을 느끼는 청상 여인의 관능적 고뇌라는 기존의 관점 위에, 다달이 두 번씩 제물을 진설해 놓고 심히 애도하는 여인의 가련함을 포함시키기 위한 월령체 노래라 보아도 큰 무리가 없을 것이다.

덕(德)으란 곰배예 받잡고
복(福)으란 림배예 받잡고
덕(德)이여 복(福)이라 호날
나사라 오소이다
아으 동동(動動)다리

정월(正月)ㅅ 나릿 므른

아으 어져 녹져 하논대
누릿 가온대 나곤
몸하 하올로 녈셔
아으 동동(動動)다리

이월(二月)ㅅ 보로매
아으 노피 현 등(燈)ㅅ불 다호라
만인(滿人) 비취실 즈이샷다
아으 동동(動動)다리

삼월(三月) 나며 개(開)한
아으 만춘(萬春) 달욋고지여
나매 브롤 즈을
디녀 나샷다
아으 동동(動動)다리

사월(四月) 아니 니지
아으 오실셔 곳고리새여
므슴다 녹사(綠事)니만
녯나랄 닛고신뎌
아으 동동(動動)다리

오월(五月) 오일(五日)애
아으 수릿날 아참 약(藥)은
즈믄햴 장존(長存)하샬
약(藥)이라 받잡노이다

아으 동동(動動)다리

유월(六月)ㅅ 보로매
아으 별해 바룐 빗 다호라
도라 보실 니믈
젹곰 좃니노이다
아으 동동(動動)다리

칠월(七月)ㅅ 보로매
아으 백종(百種) 배(排)하야 두고
니믈 한 대 녀가져
원(願)을 비압노이다
아으 동동(動動)다리

팔월(八月)ㅅ 보로만
아으 가배(嘉俳)나리마란
니믈 뫼셔 녀곤
오늘낤 가배(嘉俳)샷다
아으 동동(動動)다리

구월(九月)구일(九日)애
아으 약(藥)이라 먹논
황화(黃花)고지 안해 드니
새셔 가만하애라
아으 동동(動動)다리

십월(十月)애
아으 져미연 바랏 다호라
것가 바리신 후(後)에
디니실 한브니 업스샷다
아으 동동(動動)다리

십일월(十一月)ㅅ 봉당 자리예
아으 한삼(汗衫) 두퍼 누워
슬할사라온뎌
고우닐 스싀옴 녈셔
아으 동동(動動)다리

십이월(十二月)ㅅ 분디남가로 갓곤
아으 나알반(盤)앳 져다호라
니믜 알패 드러 얼이노니
소니 가재다 므라압노니
아으 동동(動動)다리

— 작자 미상

〔해 설〕
덕일랑은 뒷잔으로 받으시옵고
복일랑은 앞잔으로 받으시옵고
덕이여, 복이여 (어서 제발) 나아 오십시오
아으 동동다리

정월의 냇물은

아! 얼으려 녹으려 하는데 (희비가 엇갈리고 있는데)
세상에 태어난
내 몸이여 (한결 같이)홀로 (외롭게) 지내는구나
아으 동동다리

2월 보름에
아! 높이 켜 매달은 등불 같구나
만인을 비취실 (훌륭한 임의) 얼굴이로다
아으 동동다리

3월 지나면서 핀
아! 무르익은 봄날 진달래꽃이여
다른 이들이 부러워할 (임의 잘생긴) 모습을
지니고 태어(피어) 나셨구나
아으 동동다리

4월을 잊지 않고
아! 찾아 오셨구나 꾀꼬리 새여
무슨 까닭으로 녹사(벼슬의 직위 : 생전에 임의 직분?)님은
옛날(사랑을 구가하던 아름다운 추억)을 잊고 계심이여
아으 동동다리

5월 5일에
아! 단오날 아침 (익모초 생즙?)약은
천년을 길이 사실
약이라 바치나이다

아으 동동다리

6월 보름(流頭 : 유두 날)에
아! (냇물에 머리를 감고) 벼랑 끝에 (쓸모 없이) 벼려진 빗과 같구나
(그래서)돌아 보아주시는 임(관심을 보이는 제 삼의 인물)을
잠간이나마 (위로를 받으려고)따랐습니다
아으 동동다리

7월 보름에
아! 백종(망일전 제사를 겸한 제수상)을 차려 놓고
임이 (죽어 가)계신 곳에 가고자
소원을 비옵나이다
아으 동동다리

8월 보름은
아! 한가윗날입니다만
임을 모시고 (살아)가야만
오늘이 (진정한) 한가윗날이로다
아으 동동다리

9월 9일에
아! 약이라고 먹는
황국화를 집안으로 들여오니
(가을) 한 철도 저무는도다
아으 동동다리

10월에
아! 저며 놓은 보로쇠(나무 가지) 같구나
꺾어 버리신 후에
(챙겨서 몸에)지니실 한 분이 없도다
아으 동동다리

11월 (추운)봉당 자리에
아! 한삼(임이 입던 속적삼) 덮고 누은
슬픈 일, 그 보다 (더욱)더 한 것은
고운 임을 (사별하고) 갈라져서 지내는 (슬픔이)구나
아으 동동다리

12월 분지(산초 : 山椒) 나무로 깎은
아! 차려 올릴 소반위의 젓가락과 같아라
임의 앞에 들어 가지런히 놓으니
손이 가져다 (입에) 무는 구나
아으 동동다리

대개 고려 가요의 후렴구(메김 소리 : 뒷소리)는 문장상으로 어떤 뜻이나 내용을 담고 있지 않는 경우가 흔히 있다. 고려 시대부터 노래의 리듬이나 악기소리의 의성과 춤사위의 의태를 구음(口音)으로 불러오다 굳어진 것이 육보(肉譜)인데 종종 후렴구로 사용돼 온 경우가 있다. 구음은 악기의 특징에 따라 다르기 때문에, 노래에 딸린 후렴구를 통해서 어떤 악기가 합주되었으며 춤사위는 어떤 모습이였나를 대강 짐작할 수 있다.

장 구 : 「덩 기 덕 쿵 더 러 러 러…」
거문고 : 「스 렝 덩 스 렝 동 당…」
가야금 : 「당 동 징 땅 지…」/「덩 둥 당 동 딩…」
피 리 : 「러 루 라 로 리(너 누 나 노 니)…」
대 금 : 「떼 루 따 또 띠…」

그러므로 「동동」의 후렴구인 「아으 동동다리」는 흥겹게 둥둥 치는 북소리를 의성화한 구음이거나 남녀가 어울려 군무를 추는 모습을 의태화한 것으로 풀이하고 있다. 게다가 한 단계 더 나아가 정확하게 말하면 춤을 출때 소위 스텝을 밟는 「다리가 동동거리」는 춤사위의 의태까지를 포함한 종합적 의미의 표현으로 가무를 즐기는 이들의 신명을 북돋아주기 위한 추임새 효과를 극대화시키려는 후렴구라고 말할 수 있다.

가사는 청상 여인이 죽은 망자를 못잊어 1년 365일 내내 넋두리하듯 그야말로 애잔한 감정을 끊임없이 풀어내는 내용이다.

제 1연은 제를 올리는 데 대한 이유와 상념의 한을 요약하여 발원을 고하는 조시(弔詩)의 서두에 해당한다.

제 2연은 외롭게 혼자 사는 청상 여인의 측은한 모습이다.

옛날에 청상 과부는 팔자가 사납고 기구하여 남편을 일찍 죽게 한(잡아 먹은) 악부(惡婦)라 하여 여러 사람들로부터 저주의 눈총과 경멸의 따돌림을 받았기 때문에, 설상가상으로 겹쳐 오는 외로움과 젊은 남편을 잃은 죄책으로 뼈를 깎는 고통의 삶을 살아야 했다.

제 3연은 실제 생존 당시 임의 사회적 직위는 무엇이였는지 알 수 없으나, 지금의 청상 여인에게 있어서 죽은 연인은 마치 연등날 모든 사람의 소원과 정성을 담고 덩그렇게 걸린 등불과 같이 거룩했던 임의 위용을 자랑스럽게 여기고 있다.

여기서 연등일(燃燈日)과 영등일(靈登日)에 대해 잠시 살펴보면 다음과 같은 역사적 유래를 가지고 있다.

우리 고유의 세시 풍습에서는 신라 시대부터 고려 현종(顯宗) 전까지는 정월 보름에—그 이후부터는 2월 보름에—영등회(靈登會)를 거행해 오면서 또 한편으로는 고종(高宗) 때부터 불교행사의 하나로 4월 초파일(석가탄일)에 공의(公儀:공적인 의식)의 연등 놀이를 하게 된 것이다. 그래서 결국 고려 중엽부터 고려말까지 영등(靈燈)행사는 2월에, 연등(燃燈)행사는 4월에 각각 거행하게 된 셈이다. 그 때부터 연등과 영등이 혼동되기 시작한 것으로 여겨 지며, 그것은 두 행사의 명칭이 비슷한 데 다가 공통적으로 높은 위치에 등불을 매달아 밝혔기 때문에 일부에서는 뿌리가 같은 행사로 오인해 온 경우도 있다. 그러나 발생 동기나 믿음의 대상 등 추구하는 내용이 근본적으로 전혀 다른 별개의 행사인 것이다. 그래서 이 노래에서는 석가 탄일의 연등 행사가 아닌 우리의 세시 풍습으로 내려온 영등제(靈登祭), 이른바 풍신제(風神祭)의 절대신인 영등 할머니(영등파 : 靈登婆)에게 바람을 순조롭게 다스려 풍재(風災)를 입지 않고 풍년을 달라고 기원하는 행사를 말한다.

각 지방에 따라 영등제에 관한 유래가 따로 있는데 여기에 소개할 충북 영동(永同) 지방의 전설은 이렇다.

옛날 짐승처럼 인륜을 저버리고 색정에 빠져 이성을 잃고 방탕한 임금과 부정부패로 썩고 썩어 무능하기 이를 데 없는 관리들의 횡포에 흉년까지 겹쳐 민생은 말이 아니었다. 그 무렵 영동에 한 관원은 혼란하고 부정한 사회의 실상과는 달리 오염되지 않고 늘 책무에 충실했으며 공평무사와 공명정대한 일 처리로 향민들의 칭송과 신임이 대단하였다. 아직 미혼 총각으로 노모를 모시고 사는데 자부를 보여드리지 못한 죄책도 있지만 본래부터 효행이 남달리 각별하여 효자의 귀감이 되었다.

어머니가 노환으로 갑자기 세상을 뜨게 되자, 이 효자 관원은 식음을 전폐하고 시신을 떠나지 않고 주야로 통곡하니 마을 사람들도 함께 눈시울을 적시며 위로하였다.

여러 날 애통하니 심신이 극도로 탈진하여 아들마저 자진할 지경이 되었다. 향민들은 크게 상심한 나머지, 탈진된 그에게 죽을 쑤어다 권하며 회복을 돕는 한편 몸과 마음을 추스려 상주의 도리를 다하도록 촉구하였다. 젊은 관원은 상주로서 이성을 찾아 상례를 갖추는 것도 효행을 다하는 일이란 생각으로 마음을 진정시켰고 절차에 따라 장례를 치르기 위해서 미음을 들고 기운을 차려야 하겠다고 마음먹었다.

그런데 이게 웬 청천벽력인가? 겨우 죽 몇 순갈을 떠 넣을 찰라, 상주는 갑자기 쓰러지면서 그 자리에서 의식을 잃고 절명하였다. 주위에서 상주를 위로하던 사람들은 기겁을 하며 의원을 부르고 응급조치를 다했지만 효자 관원의 죽음은 불가항력으로 향민들을 더욱 비통스럽게 하였다. 불과 이삼일 차이로 모자의 죽음을 치켜 본 향민들은 애처롭기만 하여 말을 잃고 말았다. 헌신적인 총각 관원을 잃은 그들은 불쌍한 모자를 온 정성 다하여 장례를 지내고 명복을 빌며 애도하였다.

장사한 그 다음 날, 놀랍게도 돌풍이 세차게 불기 시작하더니 드디어 천지를 개벽할 듯한 폭풍으로 변하였다. 향민들은 여러 날 계속되는 폭풍이 진정될 기미가 보이지 않자, 심한 풍해를 걱정하며 공포에 떨었다. 그러던 어느 날 고을 군수의 꿈에 소복 단장한 여자가 나타나 말하기를 천재 지변을 면하기 위해서는 원통하게 죽어간 효자 관원의 넋을 위로해 주어야 한다는 것이였다.

군수는 깜짝 놀라 깨어보니 꿈이었다. 촌각을 다투어 제수를 마련해 가지고 관원의 무덤을 찾아간 군수는 친히 머리를 조아려 정성껏 위령제를 올리며 고을의 평온을 빌었다. 과연 위령제가 끝나자, 거짓말 같이 폭풍은 진정되고 차츰 평소의 일기를 되찾게 되었다. 그 후부터 매년 2월 그 때가 되면 평소보다 바람이 세게 부는데, 바람 소리에는 모자가 서로를 애타게 부르는 소리가 들려 온다고 『영동군지(永同郡誌)』에 전한다.

이 전설의 끝 부분은 「영등할미의 유래」라는 주제에 일치되지 않고 다소 벗어나는 듯한 감이 없지 않은데, 아마 구전된 자료의 부족 때문일 것이다.

그래서 필자가 영동에서 출생하여 23년간 성장해 오면서 단편적으로 들어 온 이야기 가운데 기억되는 내용을 토대로 명실상부한 한편의 전설이 되도록 보완하여 끝을 맺으면 다음과 같다.

…관원이 급사한 뒤부터 그 옛날 농경 시대 영동 사람들에게 있어서는 2월에 부는 바람 소리가 공포의 대상이 되었으며 그 풍세가 세차면 세찰수록 6 · 7월 농번기에 내습하는 태풍에 의한 재앙이 엄청나게 크다는 불길한 조짐으로 받아 들여졌다.

바람 소리는 몽달귀가 된 아들을 부르는 노파의 울부짖음으로 그 절규함이 간절하면 할수록 바람의 위력과 함께 바람 소리도 커지는 것이기 때문에, 그 노파를 위령하는 것은 곧 바람의 위력을 잠재우는 것이 되었다. 그리고 바람을 잠재워 일기를 순조롭게 한다는 것은 영동 지방의 일년 농사를 풍년 들게 해달라고 간절하게 기원하는 일종의 무속 행사로 우리 고유의 세시 풍습에 전해오는 유래와 대동소이한 영동 지방의 전설인 것이다.

영동 지방에서 죽은 노파 모자의 원한을 달래기 위해 위령제를 지낸다는 말을 「영동(永同)할미의 원귀에 대한 위령제」란 말로 바꾸어 간추려 나타낼 경우 「영동이란 지명이 영등(靈登)과 혼용되기 쉽다는 점」에 주목해야 한다. 영동 지방에서 우리 고유의 세시 풍속 유래에 따른 영등제 행사를 해오는 동안 「영동에서 지내는 영등제」라는 긴 문장이 「영동(또는 영등)제」로 혼용 · 함축됨과 동시에 영동 지방의 전설화로 토착되면서 굳어진 현상이라고 볼 수 있다.

어떻든 이런 연등 행사 때 높이 매달아 사방을 밝히는 등불 본래의 의미를 생각하기 이전에, 우선 모든 사람이 올려다 보아야 하므로 거룩함 같은 느낌을 받게 된다는 사실에 착안한 「동동」의 작자는 죽은 임의 훌륭한 이미지를 밝은 등불에서 찾으려고 하였다.

제 4연은 이른 봄부터 온산을 붉게 물들인 정렬의 진달래(오얏꽃으로 해석한 곳도 있음)꽃에서 곧 사랑하는 내 임의 자태를 만나게 된다.

더더욱 제 5연에서는 꾀꼬리 같이 하찮은 날짐승도 4월이 되자, 계절을 잊지 않고 철따라 찾아오는데 어찌하여 가신 임〔녹사(綠事)님〕은 과거의 애틋했던 사랑을 잊었는지 이내 찾아오지 않고 무엇을 하는 거냐고 원망한다. 그래도 다시 한번 5월 5일 단오날 아침에 익모초와 쑥으로 짐작되는 약초를 뜯어다 짜낸 생즙은 건강에 특효한 약으로써 장수하기를 간절히 바라며 바친다는 것은 비록 죽은 사람이지만 아직은 산사람 이상으로 사랑하고 있다는 뜻이다. 이렇듯 아녀자의 알뜰하고 지극한 정성이 아직도 식지 않고 여전함을 제 6연에서 고백하고 있다.

그러함에도 제 7연은 반응을 전혀 기대할 수 없는 망자를 향한 화자의 행동은 부질없고 허황되기 그지없어, 현실적으로는 6월 보름 유두일〔流頭日 : 동류두목욕(東流頭沐浴)이 생략된 말로 유월 보름에 동쪽으로 흐르는 냇물에 머리감고 몸을 씻으면 일년 내내 더위를 먹지 않고 불상사가 예방된다고 믿었다. 그리고 유두면(流頭麵 : 국수의 일종)같은 계절 음식과 여름 과일을 사당이나 상청(喪廳)에 진설하고 제사를 올리는 날]에 개울물에서 실컷 머리 감고 벼랑 밑으로 던져서 박살이 난들 조금도 아깝지 않을 정도로 낡아빠진 빗과 다름없는 천덕꾸러기 신세라며 자포자기 상태에 이른다. 그때 마침 자신에게 관심을 보이고 사랑을 베푸는 사람이 있어 잠시 그의 뜻에 따라 좇았음을 고백한다.

그러자(8연) 어느덧 7월 보름 백중날[百中日 · 百種日 · 百中節 : 망혼일(亡魂日)]이 되어 절간에서는 부처에 공양하고 민가에서는 단오절처럼 조상이나 망자에게 감사제를 지내는데, 특히 넋을 위로한다는 의미에 비중을 두고 하루 종일 가무를 즐기는 날이기도 하다. 그래서 이 날 망자의 위패를 안치한 상청에 망일제(望日祭)겸 세시 풍습상의 망혼제(亡魂祭)를 올리기 위해 제물을 차려 놓고 죽은 임과 한 곳에 있게 해달라고 간절히 빌며 잠시의 외도를 뉘우치고 본래의 위치로 되돌아온다.

팔월 보름(제 9연) 중추절은 머나 먼 타관 객지에 흩어져 살던 친척들이 귀향하여 반갑게 만나는 명절인데 불귀의 임은 감감하여 함께 즐길 수 없어 추석다운 명절이 아닌 것이다.

제 10연에서는 중구날[重九日]에 약이 된다는 국화주(菊花酒)를 빚기 위해 황국화를 집안으로 들여놓으니 드디어 가을 한 철도 다 저물어 서글프기 이를 데 없다. 여기서 잠시 고려 의종(毅宗) 때 상서(尙書) 김신윤(金莘尹)의 시를 살펴보면 중구날 마시는 술과 황국에 대해 써있으며 이제현의 『역옹패설(櫟翁稗說)』에도 중구날 마시는 술과 황국은 오래 전부터 불가분의 음식이었다는 것을 밝히고 있다.

輦下風雲起 殺人如亂麻 (연하풍운기 살인여난마)
良辰不可負 白酒泛黃花 (양신불가부 백주범황화)

임금님 발 아래에 풍운이 일어나니 사람들은 삼대 베듯 쓰러진다만
이 좋은 중구날 잊지 못해 맑은 술에 노란 국화 띄운 술잔을 드네.

제 11연은 기온이 차츰 낮아져 조석으로 쌀쌀해지는 10월에 즐겨 따먹고 무심히 꺾어 버린 보로쇠〔가을에 익는 흰 점박이 열매가 열리는 나무, 또는 익으면 붉게 되는 보리수(보리똥) 열매가 열리는 나무 등 두 가지로 해석됨〕 나무 가지가 내팽겨 쳐진 것처럼 누구도 외로운 청상 여인을 거들떠 보지 않는다고 한탄한다.

이제 본격적으로 추위가 맹위를 떨치는 동짓달(제 12연) 기나긴 밤에 죽은 임의 상청을 차린 봉당(封堂 : 안방과 건너방 사이에 대청마루를 깔아야 하는데 형편이 여의치 못한 가정에서는 흙바닥으로 그냥 둔 상태의 공간으로 사람이 죽으면 돗자리를 깔고 상청을 꾸미는 장소가 되는 곳이다.) 흙바닥에 허름한 여름 속(홑)적삼을 덥고 사랑하는 임을 죽음에서 살려 낸 열녀가 되지 못한 자신이 저주스러워 자학의 잠자리를 자초한 것도 서럽고 슬픈 일인데, 그 보다 더 참기 어려운 것은 오늘 밤 불귀의 객이 되어버린 임과 떨어져 함께 잠 잘 수 없는 외로움인 것이다.

산에서 베어다 섣달(제 13연)이 될 때까지 오래도록 잘 건조시킨 분지 나무〔산초(山椒)〕 젓가락을 정성껏 깎아서 지난 6월에 잠시 관계를 맺었던(?) 제 2의 연인에게 드릴 소반상에 가지런히 놓으니, 음식을 집어 입으로 가져다 넣는다고 한 것은 말 그대로 손(手)에 젓가락을 쥐고 음식을 먹는 뜻으로 볼 수도 있다. 그러나 한편 사귄 지 얼마 안돼 아직은 서먹하여 상대하기 어려운 손(客)님 같기만 한 연인이 반찬을 젓가락으로 집어 입에 넣는다고 볼 수도 있는데 어쨌든 이 대목은 노래의 흐름이나 문맥상으로 볼 때 연인의 품에 살포시 안겨 남녀간에 이루어지는 성관계의 은유로 볼 수 있다.

이 노래는 일년 동안 홀로 지낸 슬픔의 고뇌를 청산하기 위해 무엇인가를 결정지어야 할 시점인 섣달에 이르자, 실리적인 애정을 추구하기로 결심하고 새로운 남자를 택하게 된다. 청상의 여인이 아름다웠던 과거와 외롭고 삭막한 현실의 세계를 일년 내내 넘나들며 갈등하는 동안, 때로는 이성(理性)과 자제력을 잃고 방황하다가 뒤늦게 자아의식을 회복하면서 끝내는 죽은 자와의 연정을 정리하고 산 사람과의 통정을 시작하게 되는 애정 행위를 묘사하고 있다.

서경별곡(西京別曲)

고려조 학자 이제현(李齊賢)이 남긴 시문유고를 그의 아들 이창로와 손자가 함께 엮은 『익재난고(益齋亂稿)』에는 고려 가요를 부분적으로 한역하여 수록해 놓았다.

구전으로 인하여 혼란스럽게 불려져 왔을 것으로 추측되는 가사를 칠언절구〔七言絶句 : 한 구절을 일곱 글자로 하여 기승전결(起承轉結)의 네 구절로 짓는 한시의 형식〕의 한역 시가로 정착시킨 점은 더 이상의 와전을 막았다는 점에서 매우 다행한 일이다.

「서경별곡」은 『익재난고』의 일부분인 소악부(小樂府)에 「정과정(곡)」, 「처용가」, 「거사연(居士戀)」, 「제위보(濟危寶)」, 「오관산(五冠山):목계가(木鷄歌)」, 「사리화(沙里花)」와 제목 미상의 가요 4수를 포함한 11수의 여요(麗謠)와 함께 실려 있는데, 고려 초부터 일반 서민들이 부르기 시작한 노래로 지은이나 지은 시기는 잘 알려지지 않고 있다.

縱然岩石落珠璣 (종연암석낙주기)
纓縷固應無斷時 (영루고응무단시)
與郎千載相離別 (여랑천재상이별)
一點丹心何改移 (일점단심하개이)

〔해 설〕
구슬이 바위에 떨어져 깨어진들
꿰고있던 끈이야 끊어질 까닭이 있겠습니까.
임과 아무리 오랜 세월을 떨어져 있어도
한 점의 불타는 연정이야 변할리 있겠습니까.

위의 한역시는 「소악부」에 소개된 「서경별곡」의 제 2연에 해당되는 부분인데 곡진한 애정을 은유적으로 잘 표현한 대목이다.

그리고 제 2연은 「정석가(鄭石歌)」의 마지막 끝 연과 일치하고 있는데 확실치는 않으나 「정석가」에서 인용한 것으로 보는 견해가 있다.

어떻든 이 노래가 조선의 성종 대에 「남녀상열지사」라 하여 궁중 음악으로써 부적합하다고 비난 받게 된 까닭은, 정조 관념이 깨지고 성 도덕의 문란을 다룬 제 3연의 음사가 결정적 원인이 되었을 것으로 본다.

서경(西京)이 아즐가 서경(西京)이 셔울히 마르는
위 두어렁셩 두어렁셩 다링디리
닷곤대 아즐가 닷곤대 쇼셩경 고외마른
위 두어렁셩 두어렁셩 다링디리
여해므론 아즐가 여해므논 질삼뵈 바리시고
위 두어렁셩 두어렁셩 다링디리

괴시란대 아즐가 괴시란대 우러곰 좃니노이다
위 두어렁셩 두어렁셩 다링디리

구스리 아즐가 구스리 바회예 디신달
위 두어렁셩 두어렁셩 다링디리
긴힛ᄯᅶ 아즐가 긴힛ᄯᅶ 그츠리잇가 나난
위 두어렁셩 두어렁셩 다링디리
즈믄해를 아즐가 즈믄해를 외오곰 녀신달
위 두어렁셩 두어렁셩 다링디리
신(信)잇단 아즐가 신(信)잇단 그츠리잇가 나난
위 두어렁셩 두어렁셩 다링디리

대동강(大洞江) 아즐가 대동강(大洞江) 너븐디 몰라셔
위 두어렁셩 두어렁셩 다링디리
배내여 아즐가 배내여 노한다 샤공아
위 두어렁셩 두어렁셩 다링디리
네가시 아즐가 네가시 럼난디 몰라셔
위 두어렁셩 두어렁셩 다링디리
녈배에 아즐가 녈배예 연즌다 샤공아
위 두어렁셩 두어렁셩 다링디리
대동강(大洞江) 아즐가 대동강(大洞江) 건너편 고즐여
위 두어렁셩 두어렁셩 다링디리
배타들면 아즐가 배타들면 겻고리이다 나난
위 두어렁셩 두어렁셩 다링디리

— 작자 미상

이 노래는 특별한 뜻 없이 중복된 음률과 장단을 흉내 낸 후렴구를 제외하고 간단히 3연의 노래로 다시 간추려 묶어서 감상하는 것이 보통이다.

서경이 아즐가 서경이 셔울히 마르는
닷곤대 아즐가 닷곤대 쇼셩경 고외마른
여해므론 아즐가 여해므논 질삼뵈 바리시고
괴시란대 아즐가 괴시란대 우러곰 좃니노이다

구스리 아즐가 구스리 바회예 디신달
긴힛ᄯᅡ 아즐가 긴힛ᄯᅡ 그츠리잇가 나난
즈믄해를 아즐가 즈믄해를 외오곰 녀신달
신잇단 아즐가 신잇단 그츠리잇가 나난

대동강 아즐가 대동강 너븐디 몰라셔
배내여 아즐가 배내여 노한다 샤공아
네가시 아즐가 네가시 럼난디 몰라셔
녈배에 아즐가 녈배예 연즌다 샤공아
대동강 아즐가 대동강 건너편 고즐여
배타들면 아즐가 배타들면 것고리이다 나난

〔해 설〕
서경(평양)이 서울이라지마는
새롭게 닦은 곳에 소성경(작은 성)을 사랑합니다.
(그 곳으로 혼자)떠나보냄 보다 길쌈하던 옷감 내버리고
(나만을)사랑하신다면 (고맙고 감사하여)울면서 따르리다

(꿴)구슬이 바위에 떨어진들(산산이 흩어져 깨진들)
실끈이야 끊어지겠습니까
천년을 외로이 혼자 산들
(사랑에 대한)믿음이야 변함이 있겠습니까?

대동강 너른 줄 몰라서
배를(강나루에)대어 놓은거냐
(뱃사공)네 아내 음란한 줄 몰라서 (강 건너 떠나)가는 배에 태웠느냐?
대동강 거넌편 여인(꽃)들이여
(아내가 음행을 하는한 남편도)배를 타기만 하면 외도 하(꺾으)리라.

평양을 떠나가려는 연인을 강 건너 남쪽 타관으로 보내놓고 혼자 남아서 이별의 고통을 되씹느니, 하던 일 다 포기하는 한이 있어도 자신을 향한 임의 사랑이 식지 않았다면 임에게 감사의 눈물을 흘리며 따라 나서겠다는 의지를 보인다.

그럼에도 진정한 사랑이란 구슬을 꿰여 만든 여성들의 값진 장신구 이상으로 소중한 것인데, 실끈이 풀려 구슬이 바위에 떨어져 깨지고 흩어져 풍비박산 되면 마치 사랑이 파경에 이른 것 같아 보일런지 모른다. 그러나 사실은 사랑을 묶고 있는 끈은 끊어지지 않은 이치와 같아 두 사람의 이별이 언뜻 애정에 금이 간 것처럼 보일런지 모르나 천년을 떨어져 산다해도 절대 변함이 없다고 말한다.

다른 여요에서도 흔히 볼 수 있듯, 이 노래의 제 3연에는 속앓이 애정 행위에 이골이 난 조선 여인들의 내성적이고 수동적인 태도에 정면으로 대비를 이루는 고려 여인들의 과감성, 활달성, 능동성, 적극성 등이 특히 잘 나타나 있다. 고전 문학을 통해 볼 때, 대다수의 조선 여인들은 사랑을 위해서 자신의 목숨을 스스로 끊고 소리 없이 죽을 수 있는 용기는 있어도, 남성과 대등하게 적극적 애정 행위로 맞서는 대담성을 그린 경우는 별로 흔하지 않다.

「가시리」에서 잠시 말하였지만 우리 고전 소설이나 가사(歌辭) 문학의 여러 작품에 깔린 여성들의 애정관은 황진이(黃眞伊)의 애달픈 사랑을 구가한 「청산리 벽계수야」, 「청산은 내 뜻이요」, 「동짓달 기나긴 밤을」, 송이(松伊)의 「닭아 우지마라」, 소백주(小栢舟)의 「상공을 뵈온 후에」 등의 시조 작품에서와 같이 연인을 막연히 기다리는 묵비와 인고의 사랑이거나 어쩌다 재수가 좋아 하룻밤 정도 찾아준 임이 떠나려할 때 눈물로 옷소매를 부여잡고 애걸하며 만류할 뿐, 후일의 기약에 대한 뚜렷한 여운을 주지 못한다.

그러니까 조선의 여인들은 주로 임의 처분만 바랄 뿐, 발 벗고 임을 따라 봇짐을 싸들고 나서거나 다른 사내와 눈을 맞추겠다고 뱃심 좋게 맞서지 못하고 집구석에서 곰이 피도록 깔아 뭉게며 죽치고 앉아서 가슴만 태우는 소극적 성향을 보인다. 그 반면 고려 여인들은 사랑을 위해서라면 죽는 날 죽더라도 임과 함께 행동하거나 아니면 손익계산이 전혀 맞지 않아 치사스럽기 이를 데 없는 짝사랑의 비현실성을 과감히 버리고, 새로운 대상을 찾을 수도 있는 애정 행위의 실리적 성향을 보이는 것이 특징이다.

옛날 혼자 사는 여성에게 있어서 목숨보다 더 귀중한 생업으로는 길쌈이나 삯 바느질 더부살이와 같은 가사 노동이었다.

이 노래는 생명 같은 베틀일 까지도 미련 없이 버리고 임을 좇아 따라나선다던가, 몇 천년을 헤어져 있어도 구슬을 꿰었던 끈이 끊어지지 않는 것처럼 변할 줄 모르는 순정은 아름답고 지고한 것이라고 읊는다.

그러나 아름다운 약속이나 루울을 깨고 상대편에서 사랑의 누수 현상을 일으킨다면 어쩔 수 없이 같은 방법으로 대응한다는 강한 의지를 담고 있다.

그래서 남자가 강을 건너 갈 때마다 이미 바람을 피웠다고 항변하는 것이라는 견해도 있는데, 그 보다 여인의 애정이 떠나는 남성의 장차 태도 여하에 따라 달라질 수도 있는 자신의 변심 행위를 합리화시키고 정당화시키려는 의도로 볼 수 있다.

그런 태도의 일면에는 여성으로서 변절과 음행이 얼마나 크나 큰 죄악인가를 알고 있기 때문에 그런 비양심적 행위에 대해 일말의 가책을 느끼고 있기는 하나, 그렇다고 음부(淫婦)가 절부(節婦)로 천기가 의기(義妓)가 되는 것은 아니다.

그래서 남성의 유혹에 강하면 강할 수록 게다가 금상첨화로 미색이 아름다우면 아름다울 수록 뭇남성의 추앙을 받고 기방에서 선망의 명기로 흠모의 대상이 되는 것이다.

조선조 때 유학자 양여공(梁汝恭)이 지조와 거리가 먼, 한 천기를 내세워 지은 일화가 있다. 옛날 금란(金蘭)이란 청주 기생의 칠언절구 한시는 자기자신이 도덕성을 상실한 천기로서 정절이 헤프고 행실이 문란한 것을 자인하고 있다. 전목(全穆)이란 관리가 임기를 마치고 귀경할 때 애기(愛妓) 금란에게 이렇게 당부하였다

「헤프게스리 다른 사내에게 몸을 맡기지 마라.」

「대감, 염려 놓으셔요. 월악산이 무너지면 무너졌지, 소첩의 마음은 절대 변치 않을 것입니다.」

그 당시 금란의 맹세는 철석과 같았는데 얼마후 단월역(斷月驛)의 관리인 역승(驛丞)을 사랑하고 있다는 소문을 듣게 된 전목은 이런 시를 지어 보냈다고 한다.

聞汝便憐斷月丞 (문여편련단월승)
夜深常向驛奔騰 (야심상향역분등)

何時手執三稜杖 (하시수집삼릉장)
歸問心期月嶽崩 (귀문심기월악붕)

들리는 소식에 단월역 관리를 사랑하여
밤새도록 역에 드나 드느라 늘 바쁘다 하던데,
어느 날 세모 곤장을 들고 가서
무너지는 월악산 두고 한 맹세를 무르랴.

여기에 금란이 화답한 항변조의 시는 매우 당돌하다고 해야 될는지, 심통 사나운 천기의 막가는 처세라 해야 할는지 어떻든 맹랑하기 짝이 없어 전목을 더욱 격분시켰을 것으로 보인다.

北有全君南有丞 (북유전군남유승)
妾心無定似雲騰 (접심무정사운등)
若將盟誓山如變 (약장맹서산여변)
月嶽于今幾度崩 (월악우금기도붕)

북쪽 서울에는 전목이요 남쪽 청주에는 역승이 있나니
소첩의 마음은 한곳에 머물지 못하는 뜬구름 같아라.
만일 약속처럼 산이 무너진다면
월악산은 지금까지 한없이 무너졌으리.

자고로 못 믿을 건 여자의 마음이라 했다. 사랑의 약속을 굳게 한 이상 불가항력 앞이었다면 얼마간 용납의 여지가 있을런지 모르지만, 시류를 따라 여러 남성의 품을 전전하면서도 마음에 한 점의 거리낌 없이 오히려 빤빤스럽게 저항하는 천기라면 괴씸 죄목으로 삼릉장(三稜

杖 : 세모진 곤장으로 중죄인에게 가장 심한 고통을 주는 형구)을 맞을만 하다.

「서경별곡」은 구슬이 깨져도 끈이야 끊어질 까닭이 없는 굳은 정절의 여성상을 보여준다. 그리고 다시 3연에서는 남녀의 이별에 직업상 늘 관여해야 했던 뱃사공에게 다그치듯 묻는다. 물론 사공을 면전에 세워두고 꾸짖는 것이 아니고 임과의 이별이 얼마나 억장 무너지는 아픔인가를 뱃사공에게 의존하여 호소하는 임시 대상의 설정 기법으로 우리 옛 시조에서 많이 볼 수 있다. 즉, 이 배를 저으면서 늘 이별의 쓰라림을 두 눈으로 똑똑히 보아 왔을 것이며 대동강이 건너 오가기에 특별히 어려울 정도로 큰 강도 아니라는 사실을 잘 알고 있을 것이다. 그런데도 일단 이 강을 사이에 두고 이별한 연인 사이에는 다시 만나기 어려울 만큼 심정적으로 넓어 큰 장애물 같기만 한 강인줄 모르고 음란한 네 여자마저 배에 태워 보냈느냐고 원망한다. 이렇게 해서 남녀의 애정과 이별이란 문제를 놓고 볼 때 강의 피안과 차안이 따로 없이 마찬가지라고 정의를 내린다. 그러나 떠난 연인의 애정이 변치 않는한 제 2연에서처럼 믿음의 끈은 끊어짐이 없다고 항변한다.

이별하는 남녀가 그 앞을 가로지른 대동강을 가운데 놓아두고 있는 한 어디나 없이 사랑의 허실과 양면성, 그리고 사랑의 명암이란 존재하게 마련이란 것을 보여 주는 노래라 할 수 있다.

고려 인종조 때의 시인 정지상(鄭知常)은 제목을 「대동강(大洞江)」 또는 「송인(送人)」이라고 하는 한시에서 이별의 아픈 마음을 조용하고 품격있는 노래로 승화시켜 놓았다.

雨歇長堤草色多 (우헐장제초색다)
送君南浦動悲歌 (송군남포동비가)
大洞江水何時盡 (대동강수하시진)

別淚年年添綠波 (별루년년첨록파)

비 갠 긴 강 언덕에 풀빛은 더한데
당신 보내는 남포에 슬픔의 노래 있어
대동강 물은 마르지 않으려니
이별의(슬픈)눈물 해마다 푸른 물결에 떨어져 더하리라.

「서경별곡」과 같이 대동강을 배경으로 한 노래이다. 강을 사이에 두고 남포를 떠나 살아야 할 이별은, 이처럼 슬픔을 자아내는 단장의 아픔일 것이니 저마다 쏟아 내는 이별의 눈물이 대동강에 떨어져 푸른 강물은 절대 마르지 않을 것이란 유명한 한시로 격조 높고 아름답기 그지없다.

표현이 과장되기는 했지만 어떻든 이 노래의 중심은 강물의 유량(流量)에 보탬이 될 만큼 많은 빈도와 많은 눈물을 요구하는 이별의 슬픔을 함축시켜 풀어내고 있다.

정석가(鄭石歌)

고려의 문학사적 문헌 등에 이 시가에 대하여 특별히 설명한 바가 없어 고려 가요로 단정할 근거는 없으나 『악장가사』에 수록된 가사 가운데 여러 가지 정황으로 미루어 여요라고 간주할 수밖에 없는 작품 중의 하나로 알려지고 있다.

남녀간의 사랑과 이별을 음사로 나타내지 않고, 순수한 정사(情思)를 영원히 지켜 가기를 바라는 노래이다.

딩아 돌아 당금(當今)에 계샹이다
딩아 돌아 당금에 계샹이다
선왕성대(先王盛大)예 노니아와지이다

삭삭기 셰몰애 별헤 나난
삭삭기 셰몰애 별헤 나난
구운 밤 닷되를 심고이다

그 바미 우미 도다 삭나거시아
그 바마 우미 도다 삭나거시아
유덕(有德)하신 님믈 여해아와지이다

옥(玉)으로 연(蓮) ᄭᅩ즐 사교이다
옥(玉)으로 연 ᄭᅩ즐 사교이다
바회 우희 접주(接柱)하요이다
그 고지 삼동(三同)이 퓌거시아
그 고지 삼동이 퓌거시아
유덕(有德)하신 님 여해아와지이다

므쇠로 텰릭을 말아 나난
므쇠로 텰릭을 말아 나난
철사(鐵絲)로 주롬 바고이다
그 오시 다 헐어시아
그 오시 다 헐어시아
유덕(有德)하신 님 여해아와지이다

므쇠로 한 쇼를 디여 다가
므쇠로 한 쇼를 디여 다가
철수산(鐵樹山)에 노호이다
그 쇠 철초(鐵草)를 머거아
그 쇠 철초를 머거아
유덕(有德)하신 님 여해아와지이다

구슬이 바회예 디신들

구슬이 바회예 디신들
긴힛단 그츠리잇가
즈믄해를 외오곰 녀신들
즈믄해를 외오곰 녀신들
신(信)잇단 그츠리잇가

— 작자 미상

〔해 설〕

정석(정이여 돌)이여 지금도 계시나이다
정석이여 지금도 계시나이다
번영으로 대를 이어 온 태평 시대에 놀러 다닙시다.

바삭바삭한 가는 모래 벼랑에
바삭바삭한 가는 모래 벼랑에
군밤 닷 되를 심습니다
그 밤이 움이 돋고 싹이 나야
그 밤이 움이 돋고 싹이 나야
훌륭하신 임을 보내고 싶습니다

옥으로 연꽃을 새깁니다
옥으로 연꽃을 새깁니다
새긴 연꽃을 바위에 접을 붙입니다.
그 꽃 석 다발이 피어야
그 꽃 석 다발이 피어야
훌륭하신 임을 보내고 싶습니다

무쇠로 예복 옷감을 끊어(말거나 재단함)
무쇠로 예복 옷감을 끊어
철사로 주름을 박습니다.
그 옷이 다 헐어야만
그 옷이 다 헐어야만
훌륭하신 임을 보내고 싶습니다.

무쇠로 황소를 만들어다가
무쇠로 황소를 만들어다가
쇠나무 산에 (매어)놓습니다.
그 소가 쇠풀을 먹어야
그 소가 쇠풀을 먹어야
훌륭하신 임을 보내고 싶습니다.

(펜)구슬이 바위에 떨어진들(산산이 흩어져 깨진들)
구슬이 바위에 떨어진들
실끈이야 끊어지겠습니까
천년을 외로이 혼자 산들
천년을 외로이 혼자 산들
(사랑에 대한)믿음이야 변함이 있겠습니까?

중세 국문법상 훈민정음 반포(세종 28년 · 1446년) 당시의 문헌상에는 아직「ㄷ ~ ㅈ」사이에 구개음화(口蓋音化) 현상이 없다가 16세기 후반부터 차츰 변화를 보이기 시작한 것으로 돼 있다.

「딩아 돌아」는 정석(鄭石)이란 한자 성명을 순수한 우리말로 표기한 이름으로 또 임금을 지칭하는 것으로 추정 하고 있다.

그런데 「딩아」의 「딩~」을 징〔정(鉦:우리 민속의 농악기)〕으로 보는 기존 해석은 구개음화된 현상에 근거를 둔 것으로 생각된다. 그 근거를 기본 바탕으로 하되, 정(鄭)을 「징」으로 보지 않고 정(釘:돌을 다듬는 연장)으로 간주하는 것은 우리 옛말에서 「뎔(寺) 〉 졀 〉 절」로 변화된 법칙과 같이 구개음화 이전에는 「정」이란 음절의 초성 「ㅈ」은 「ㄷ」이였으므로 「덩(뎡)〕은 〔정(졍)」이였던 것이다.

즉 「ㄷ」은 「ㅣ」의 발음 위치인 전구개 쪽으로 이끌리는 순간 「ㅈ」으로 발음되기 때문에 이 노래가 정리 수록될 즈음에는 언어 생활상의 구개음화 현상이 어떤 단계에 와 있었는지 확실치 않지만, 「정(뎡)」과 「징(딩)」이 음소의 변화 과정에서 구어와 문어상의 혼용 · 혼란 현상을 이르킨 표기로 볼 수 있다. 그 결과 정석(鄭石)이란 애인의 이름을 「정과 돌」로 변격시켜야 할 필요 조건을 충족시키려는 작자의 의도와 일치된다고 볼 수 있기 때문이다.

왜냐하면 제 3연에서 옥(玉)을 쪼거나 새기고 4 · 5연의 쇠붙이 따위를 판금하기 위해서는 돌을 다루는 정과 같이 강한 연장이 필요하다.

그 뿐 아니라 제 1연은 「정이여! 돌이여! 정으로 찍고 다듬는 일과 돌이 찍혀서 곱게 다듬어지는 석수 작업을 이처럼 좋은 시절에 즐거이 해보자꾸나」라는 뜻이다. 이를테면 정(釘)은 남성(의 성징)이며 돌은 여성(의 성징)으로 각각 인격을 부여한 다음 「놀아 보자」고 권하는데 그것은 마치 영상(사진)기법에서 남녀의 정사 장면을 실루엣으로 처리한 방법과 같이, 성 관계를 갖자고 직선적으로 말하지 않고 「즐거이 놀아 보자」며 우회적 표현을 하였다.

여기까지는 중세 국문법상의 구개음화 현상을 통해 성씨로써의 정(鄭)이 돌을 다듬는 정(釘)으로 상징될 수 있음을 설명하였으나 조선 개국 당시의 역사적 일화는 그 문제를 더욱 쉽게 이해시켜 주고 있다.

이태조는 첫 왕비 신의왕후(神懿王后)의 소생인 방우 · 방과 · 방의 · 방간 · 방원 · 방연 등 6남을 제쳐놓고, 계비인 강씨 신덕왕후(神德王后)의 소생 방번 · 방석 두 형제 가운데 어린 왕자 방석(芳碩))을 세자로 책봉하고 말았다. 이것이 빌미가 되어 골육상잔의 피 비린내 나는「왕자의 난」이 일어 났다.

이때 세자 책봉을 전적으로 지지한 중신으로 남 은(南誾)과 삼봉 정도전(鄭道傳) 같은 일등 개국공신들이 있었다. 그렇게 어수선한 시국에 참요가 전국에 떠돌며 입에서 입으로 전해 졌는데, 직선적인 가사가 아니고 은어로 상징적 표현을 한 가사였다.

남산(南山)에 가서 돌 캐는데
정(釘)이 하나도 안 남았네.

남산은 남 은(南誾)을 가리키며 정(釘)은 정도전의 성씨 정(鄭)을 뜻하는 것으로, 여기서 정(鄭 〈 釘)이란 전혀 다른 두 글자의 뜻(훈)이 돌을 다듬는 연장이라는 한가지 의미로 쓰였다. 결과적으로 참요가 상징하는 바는 이 두 사람이 세자 책봉에 연루돼 죽을 것이란 암시인 것이다. 실제 떠돌던 노래가 들려준 조짐대로 그 두 사람은 방원이 일으킨「왕자의 난」때 살해되고 말았다. 여기서「정석가」의 정(鄭)이나 조선초기의 참요에 나온 정(鄭)씨 성을 가진 주인공들은 모두 돌을 다루는 정(釘)이란 도구로 상징되었다는 사실이다.

어떻든「정석가」가 지금까지 순수한 사랑을 읊은 노래라고 보는 근거로는 우선 이조 명유들에 의해 남녀상열지사로 지탄받을 정도의 음사를 구사하지 않았기 때문에, 최소한 문장상으로는 하자가 없다고 본 것이다. 그러나 깊이를 달리해 유심히 보면, 제 1연에서 남녀간의 정사 행위를 시도해 보자는 의도가 분명히 숨어 있다.

임이란 말은 우리 고전 문학에서 연인이란 의미와 함께 왕의 상징적 관념으로 사용해 왔으며 여기서 「선왕성대」는 그 대상이 임금일 것이라는 주장을 더욱 확실하게 뒷받침하고 있는 듯하다.

그래서 「임금이 지금 계시도다. 이 좋은 성대에 놀아 보자」라고 풀이한 경우도 있으나 작품이 주는 뉘앙스는 어디까지나 연인을 지칭하고 있다.

「삼동(三同)」은 겨울 삼동(三冬 : 동짓달, 섣달, 정월)이란 설명도 있는데, 그것은 어쩌면 세 묶음이나 세 다발이란 뜻보다 어차피 애당초 꽃이 피어나지 않기를 갈망하고 있기 때문에 개화가 불가능한 한겨울로 유추한 해석인 듯 하다.

그러나 엄연히 한자로 표기된 이상, 한자어의 뜻을 그대로 살려 세 다발(묶음)로 보아야 옳을 것이다. 게다가 문장 구조상 「삼동이」란 표기에서 15 · 6세기 국문법상 주격 조사 「~이」를 〔겨울에〕의 처격(處格) 조사 〔~에(애)〕로 보기 어렵기 때문에 〔겨울〕이란 해석에는 약간의 무리가 따른다.

어떻든 이 노래는 임금에 대한 충정을 읊조린 노래로 보는 견해에 반하여, 사랑하는 연인과 오래도록 정을 나누며 이별이란 아픔 없이 함께 해로하고픈 순정의 노래라고 볼 수 있다.

제 6연은 「서경별곡」의 제 2연과 일치하고 있음에 대해 이미 말한 바 있는데 이 노래 말이 처음으로 쓰인 노래는 어느 쪽 가사였는지 확실치 않다.

정읍사(井邑詞)

일찍이 백제 때부터 고려를 거쳐 조선조에 이르기까지 구전으로 불려 오다가 훈민정음 창제를 계기로 『악학궤범』에 수록된 한글 가요 중에 가장 오래된 작품으로 알려져 있다.

井邑, 全州屬縣. 縣人爲行商久不至, 其妻登山石以望之,恐其夫夜行犯害, 托泥水之汚以歌之. 世傳有登岾望夫石云.
(정읍, 전주속현. 현인위행상구불지, 기처등산석이망지, 공기부야행범해, 탁니수지오이가지. 세전유등점망부석운.)

—『고려사 · 악지(高麗史 · 樂志)』

정읍은 전주에 소속된 하나의 현인데, 정읍 사람이 행상을 떠나 오래도록 돌아오지 않자, 그 행상의 부인은 남편이 돌아올 길을 향해 바라보며 낯선 타관에서 밤길에 다니다 피해를 입고 오도 가도 못하는 형편이 된 때문일런지 모른다는 염려를 깊은 수렁에 빠진 신세에 비유하여, 노래를 지어 산등성이에 올라 돌 위에서 불렀는데 이른바 망부석이란 것이 산등성에 있다고 세간에 전한다는 내용이다.

이상의 내용을 더욱 보완해 주는 『여지승람(輿地勝覽)』에 의하면, 망부석은 정읍에서 북쪽으로 4km(십리)이고 그 이름은 정읍(사)이며 산등성이 망부석에는 그녀의 발자국이 지금도 돌에 남아 있다고 세간에 전한다는 기록이 있다.

이와 같이 지은이는 정읍에 사는 행상의 부인이라고 확신하는 반면, 꼭 그렇게 단정할 수 없어 작자 미상의 작품으로 보는 경우도 있다.

그 이유는 작자가 행상 부인이 아니거나 더 나아가 남성이라 해도 그녀의 신분이 되었다고 가정한 가객이 행상의 아내에 대한 실화를 소재로 했거나 역지사지의 입장에서 지은 노래일 수도 있어서, 작품의 주제나 소재가 반드시 작자의 체험 신분 신변 문제에 국한된 노래라는 근거를 찾을 수 없기 때문이라는 것이다.

달하 노피곰 도다샤
어긔야 머리곰 비취오시라
어긔야 어강됴리
아으 다롱디리

전(全)져재 녀러고요
어긔야 즌대를 드대욜셰라
어긔야 어강됴리
어느이다 노코시라
어긔야 내가논대 졈그랄셰라
어긔야 어강됴리

아으 다롱디리

— 작자 미상

〔해 설〕

달님이여 높이높이 돋아서
아! 멀리멀리 비쳐 줍소서
어긔야 어강됴리
아으 다롱디리

저자(장터)에 가 계신가요
아! 진흙 밟고 다닐가 염려됩니다.
어긔야 어강됴리

어느 사람에게 (마음을) 주셨는가?
아! 내(마음) 가는 곳(임 계신)에 날 저물어 (다른 연인을 품을까) 걱정입니다.
어긔야 어강됴리
아으 다롱디리

이 노래가 이조 중종(中宗) 때에 와서, 왜 음사로 낙인 찍히게 되었을까?

가사의 내용을 언뜻 보아서는, 음탕한 부분이라고 지적하여 전혀 나무랄 곳이 없는 매우 건전한 작품으로 보인다.

그러나 정녕 지탄의 원인을 찾으려는 의도를 가지고 고찰해 보면, 앞서 「정석가」에서도 말한 바 있지만 모름지기 비윤리적이고 외설적인 부분은 실루엣 기법으로 교묘하게 표현하고 있다.

달이 높이 떠 멀리 비춰야 하는 이유는 여러 가지 뜻을 내포하고 있다. 오래도록 집을 떠난 장돌뱅이 남정네는 필시 멀리 가 있을 것이 분명하며 장사일에 전념하기 위해 늘 장터만 찾아 전전하고 있어야 정상인데, 혹시 딴 곳에서 밤 시간에 허튼 짓이나 하고 있지나 않는 지를 알기 위해서 밝은 달빛으로 확인해 보아야 하기 때문이다. 그러나 확인할 길은 없고 날이 어두우면 필시 질퍽한 수렁에 빠질 수도 있기 때문에, 달이라도 그 먼 데까지 널리 널리 비춰 그런 불상사가 없도록 해 달라고 달님에게 애원하고 있다.

여기서 만일 달이 멀리 비춰 주지 않는다면 세상은 어둡게 될 것이며 그 어둠 속에서는 곧 부도덕한 분위기가 조성된다는 뜻이다. 어둠의 수렁에 빠진다는 것은 곧 여색에서 헤어 나오지 못하고 허우적거리는 남편의 심한 외도 행위를 의미하며, 그 짓을 막는 방법은 오로지 달님이 먼 곳까지 밝게 비춰 주는 일이라고 노래한다.

어느 연인의 유혹에 빠져 아내를 잊고 있을지 모르는 남편을 상상하면 날이 갈수록 좌불안석이다. 그래서 밤이 되면 아내의 마음은 자기 남정네 곁으로 가는데, 그럼에도 남편이 있는 그 곳에 날이 저물고 달빛이 없으면 임과의 애정 문제에 금이 가 영영 불행해질까 기우하고 있다.

이 노래가 궁중 음악에서 배척된 또 다른 이유는, 처자식을 부양하기 위해 깊은 물 험한 산을 마다 않고 다니며 고생하는 남편을 진정으로 사랑하는 아내라면 건강한 사고를 바탕으로 타관 생활의 노고를 안쓰럽게 여기고 안녕을 빌어야 도리인 것이다. 그런데 오히려 남편에 대한 의심이 지나쳐 외설적인 인물로 매도한 아내의 불순한 동기가 요조숙녀로서 갖추어야 할 부덕과 그 당시 팽배했던 남존여비 사상에 정면으로 배치되고 있기 때문일 것이다.

사생활을 위해 행상을 떠난 남편을 기다리다 망부석이 된「정읍사」

의 배경은, 한 목숨을 내던질 각오로 왜국(倭國)을 향해 떠난 신라 충신 박제상(朴提上)을 치술령에서 기다리던 아내가 망부석이 된 사실과 흡사하게 구성된 면이 있다.

이 치술령(致述嶺) 고사는 『삼국유사(三國遺事)』『삼국사기(三國史記)』『일본서기(日本書紀)』 등에 부분적으로 약간 상이하게 기술된 내용을 「밀양박씨 복야공파 대동보 권1 · 인물조(密陽朴氏 伏射公派 大同譜 卷一 · 人物條)」에는 다음과 같이 통일성 있게 합리적으로 개괄해 놓았다.

박제상은 일명 모말(毛末)이라고도 하며, 벼슬은 경남 양산의 태수인데 지혜와 용맹으로 이름이 높았다.

이 때는 신라가 서라벌에서 근린 군소국가를 통합, 새로운 고대 국가를 창건하던 내물왕(柰勿王) 시대였다. 신흥국 신라는 강대국인 고구려의 정치적 · 군사적 압력을 받아 겨우 예속을 면할 정도였으며 일본으로부터도 끊임 없는 괴롭힘을 당하고 있었다.

내물왕은 화친의 방법으로 재위 38년에 고구려로 왕족 실성(實聖)을 인질로 보냈으며 그는 10년간 고초를 겪게 되었다. 왕위 46년에 귀환하여 다음해 내물왕이 죽자 그 뒤를 이어 실성이 즉위하였다.

왕위에 오른 실성은 과거 자기를 고구려 인질로 보낸 데 대한 원한을 품고 내물왕 직계를 겨냥한 보복을 구상하였다. 그 때 마침 일본 왕의 요청에 따라 내물왕의 아들 미사흔(未斯欣)을 두말 없이 인질로 보낸 후, 집권 11년에 고구려에서 또 다시 미사흔의 형 복호(伏好)를 인질로 청해 오자 기꺼이 보내 주었다.

그 후 5년이 지나자 왕자 눌지(訥祗)마저 죽이려다 실패하고 도리어 눌지의 손에 죽었다. 왕위에 오른 눌지는 인질로 잡혀 있는 왕제의 구출을 신하들에게 하문하니, 이구동성으로 박제상을 천거하였다.

왕은 즉시 박제상을 고구려로 보냈는데 공(박제상)은 고구려왕에게 선린우호의 타당성과 인질의 부당성을 역설하여, 고구려왕을 감동 설득하기에 이르러 복호를 귀환시키는데 성공하였다. 눌지왕은 크게 기뻐하며 공을 치하하고 위로하는 연회석상에서 일본으로 간 미사흔의 구출이 어려움을 한탄하였다. 공은 죽기를 맹세하고 처자와의 상봉도 미룬 채, 즉시 일본으로 출발하였다.

이 말을 들은 부인 김씨가 황급히 포구에 이르러 통곡하니, 공이 멀리 떠나며 말하기를 「내가 큰 사명을 띠고 적국으로 들어가니 어찌 다시 만나기를 기약하리오?」라고 하였다.

왜국에 도착한 공은 왜왕 앞에서 「조국을 배반하고 망명했다.」고 거짓으로 말하였다. 처음에는 의심하더니 백제의 첩자의 출현, 고구려의 일본 근해 침범 등 일련의 사태가 공의 말(정보)과 일치될 뿐 아니라, 신라로 보낸 일본의 첩자들로부터 공의 처자와 미사흔의 일가를 옥에 가두었다는 보고를 듣고, 드디어 공의 말을 믿기에 이르렀으며 집을 주어 편히 살게 하였다.

공은 항상 왕제를 배에 태우고 고기를 잡는 것처럼 해서 왜인들을 안심시키고 기회를 틈 타서 미사흔을 탈출시키는데 성공하였다.

다음날 사실이 발각되어 왜왕에게 끌려가니 자신의 진정한 부하가 되겠다고 약속하면 사면해 주겠다고 회유했으나 끝까지 거절하고 장렬히 죽음을 택하였다.

공은 일단 목도(木島)로 귀양 되었다가 곧 화형이 집행되었고 시체가 참형을 당하기에 이르렀다.

눌지왕은 애통하며 공에게 대아찬(大阿飡) 벼슬과 그 가문에 큰 상을 내리고 공의 둘째딸을 미사흔과 혼인시켜 보은케 하였다.

왕은 6부의 사람들을 모아 대 주연을 베풀고, 왕이 손수 「우사곡(憂思曲)」이란 노래를 지어 부르며 춤을 추었다고 한다.

공의 부인이 슬픔을 이기지 못해 두 딸을 거느리고 치술령에 올라 왜국을 향해 통곡하다 죽자, 나라에서 그 자리에 사당을 짓고 제사를 지냈다.

공의 장렬한 충절을 추모하여 경주 학군사(鶴軍寺)에 제향하고 공의 고지(故地)에 서원(書院)을 세우려는데 개기(기공식)하던 전날 밤에 서기가 뻗치자, 사람들은 공의 장렬한 기운이 멸하지 아니함이라고 말하였다. 또한 공주 동학사(東鶴寺) 경내에 동학사(東鶴祠)를 중건하여 지금도 공의 충렬을 기리고 있다.

위의 기사에서 왕이 직접 지어 불렀다는 「우사곡(憂思曲)」은 박제상의 부인 김씨가 치술령에 올라 왜국을 원망스럽게 바라보며 애간장을 태울 때 지어 불렀다는 「치술령곡(致述領曲)」이란 노래의 또 다른 제목인지 아니면 각각 서로 다른 노래의 제목인지 확인할 길 없으며, 유감스럽게도 가사가 현존하지 않아 그 내용을 알지 못해 궁금할 따름이다.

신라의 「치술령곡」 또는 「우사곡」은 불타는 충정과 애국이라는 국가적 차원의 거대한 사건이 낳은 노래인 것에 비해, 백제의 「정읍사」는 일개 장사치 가정의 사소한 사건을 다룬 노래라는 점에서 비교가 될 수 없지만, 어떻든 아내가 남편을 기다리다 망부석이 되었다는 공통점에서 한을 품고 살다 한을 품고 죽는 것은 여성 쪽이고 한을 안겨주는 배역은 대개 남정네의 운명처럼 간주 돼 왔다는 사실이며, 우리 고전 문학 작품 전반에 걸쳐 주류를 이루어 온 주제 의식이라고 말할 수 있다.

2. 탕자와 유녀들의 상열지사

쌍화점(雙花店)

이 노래는 고려 충렬왕 때 만들어져 항간에서 일반 백성들이 즐겨 부르던 가요였는데, 차츰 궁중의 군신들이 연회석상에서 여색과 향락을 즐길 때 애창하게 된 것으로 조선조에 와서 그 내용이 매우 색정성 강하고 음란한 가사라 하여 남녀상열지사(男女相悅之詞 : 방탕하고 음란한 남녀들의 성 행위를 주제로 한 노래 또는 그런 사람들이 즐겨 부르는 외설적인 노래)라는 비난을 받게 되었다.

옛날부터 가게, 절, 두레우물, 주점 같은 장소는 여자들이 별다른 제약이나 의심을 받지 않고 쉽게 드나들 수 있던 곳으로 자칫 남녀 관계가 은연중에 이루어지기 좋은 곳으로 여겨 왔다. 이 노래의 각 연은 바로 그런 공간이 갖는 필연성을 배경으로 설정하여 어느 여인의 음행을 읊고 있다. 그리고 각 연의 후렴구인 5행과 6행에서는 이처럼 한 여인의 정사를 소문으로 들은 어느 호색한(또는 호색 유녀)이 그 장면에 혼입되어 자신의 애타는 연심과 억제하기 어려운 욕정을 노래하고 있다.

쌍화점(雙花店)에 쌍화(雙花) 사라 가고신댄
회회(回回)아비 내 손모글 주여이다
이말삼미 이 점(店) 밧긔 나명들명
다로러거디러
조고맛감 삿기광대 네 마리라 호리라
더러둥셩 다리러디러 다리러디러 다로러거디러 다로러
긔 자리예 나도 자라 가리라
위위 다로러거디러 다로러
긔잔대 가티 덦 거츠니 업다

삼장사(三藏寺)애 브를 혀라 가고신댄
그 뎔 사주(社主)ㅣ 내 손모글 주여이다
이말사미 이 뎔 밧긔 나명들명
다로러거디러
조고맛간 삿기상좌(上座)ㅣ 네 마리라 호리라
더러둥셩 다리러디러 다리러디러 다로러거디러 다로러
긔 자리예 나도 자라 가리라
위위 다로러거디러 다로러
긔잔대 가티 덦 거츠니 업다

드레우므레 므를 길라 가고신댄
우믓 용(龍)이 내손모글 주여이다
이말사미 이 우믈 밧긔 나명들명
다로러거디러
죠고맛감 드레바가 네 마리라 호리라
더러둥셩 다리러디러 다리러디러 다로러거디러 다로러

긔 자리예 나도 자라 가리라
위위 다로러거디러 다로러
긔잔대 가티 덦 거츠니 업다

술팔지븨 수를 사라 가고신댄
그짓 아비 내손모글 주여이다
이말사미 이 집 밧긔 나명들명
다로러거디러
조고맛간 싀구바가 네 마리라 호리라
더러둥셩 다리러디러 다리러디러 다로러거디러 다로러
긔 자리예 나도 자라 가리라
위위 다로러거디러 다로러
긔잔대 가티 덦 거츠니 업다

— 작자 미상

〔해 설〕
만두가게에 만두를 사러 가니
색목인(色目人)이 내 손목을 쥐더이다.
이 소문이 이 상점 밖으로 새어 나간다면
조그마한 새끼광대(출입이 잦은 심부름꾼 아이) 네가 한 말이라 하리라
(소문을 들은 호색한들) 그 자리(정사가 있던)에 나도 자러 가리라
그 잔 곳 같이 난잡(성관계가 매우 격렬하여 주변이 마구 흩어진 상태)한 데는 없을 것이다.

삼장사에 등불을 켜 달려고(공양 드리러) 갔더니

그 절의 주지승이 내 손목을 쥐더이다.
이 소문이 절 밖으로 새어 나간다면
조그마한 새끼상좌(지위나 서열은 낮으나 경계해야 될 문제의 중)
네가 한 말이라 하리라
그 자리에 나도 자러 가리라.
그 잔 곳 같이 난잡한 데는 없을 것이다.

두레 우물가에 물을 길러 갔더니
우물의 용이 내 손목을 쥐더이다.
이 소문이 우물 밖으로 새어 나간다면
조그마한 두레박아 네가 한 말이라 하리라
그 자리에 나도 자러 가리라.
그 잔 곳 같이 난잡한 데는 없을 것이다.

술파는 집에 술을 사러 갔더니
그 집 사내 내 손목을 쥐더이다.
이 소문이 이 집밖으로 새어 나간다면
조그마한 시궁 바가지(시궁창이 막혀 청소를 할 때 구정물을 떠내느라 들락거리는 빈도가 매우 잦은)야 네가 한 말이라 하리라
그 자리에 나도 자러 가리라.
그 잔 곳 같이 난잡한 데는 없을 것이다.

이 노래로 볼 때 그 당시 고려 조정이 얼마나 성 윤리의 타락과 향락적인 퇴폐 풍조에 빠져 있었는가를 쉽게 알 수 있다.

그리고 「쌍화점」의 두 번째 연에 해당되는 「삼장(三藏)」과 다른 또 하나의 「사룡(蛇龍)」이라는 노래에 대한 『고려사 · 악지(高麗史 · 樂

志)』의 기록에는 이 작품이 만들어진 배경을 설명해 놓았다.

三藏(삼장)

三藏寺裏點燈去 有社主兮執吾手 倘此言兮出寺外 謂上座兮是汝語
(삼장사이점등거 유사주혜집오수 상차언혜출사외 위상좌혜시여어)
삼장사에 불 켜려고 갔는데 그 절의 사주가 내 손목을 잡았습니다. 만일 이 소문 절 밖으로 새어 나가면 상좌승 네가 떠들어 그리 되었다고 할 것이다.

蛇龍(사룡 : 생략)

右二歌 忠烈王朝所作…好宴樂 倖臣吳潛, 金元祥, 內僚石天輔, 天鄕等…務以聲色容悅…遣倖臣諸道 選官妓有姿色技藝者 又選城中官婢及女巫善歌者…別作一隊稱爲男裝閱此歌
(우이가 충렬왕조소작…호연락 행신오잠, 김원상, 내료 석천보, 천향등…무이성색용열…견행신제도 선관기유자색기예자 우선성중관비급녀무선가자…별작일대칭남장열차가)
위에 소개한 두 노래(삼장과 사룡)는 충렬왕 때 지었다. 왕은 오직 노래와 춤을 좋아하므로 총애하는 간신 오잠, 김원상, 내시 석천보, 석천향 등으로 하여금 각 고을에 보내어 기예와 용모가 뛰어난 관기와 성중에 노래 잘하는 관비 무당을 선발하여 궁중에서 별도로 양성시켜 한 무리의 남장 놀이패를 조직하고 특별히 공연하였다는 것이다.

이런 노래의 단골 무대는 주로 다른 사람들의 의심이나 눈총을 받지 않으면서 여인들이 쉽게 드나들 수 있는 곳이라고 기왕에 설명하였거니와, 그 가운데서도 절간에서 승려들과의 음행을 다룬 작품이 자주 눈에 띄는 것은 그 당시의 불교가 끼친 폐해와 전혀 무관하지 않았을 것이다.

오랜 연대를 소급하여 이미 7·8백년 전부터 있어온 승려들의 음행에 대한 기록을 볼 때 파계승들의 추행이 시작된 것은 불교가 유입된 역사와 거의 뿌리를 함께 해왔다고 보여진다.

신라 21대 비처왕〔毗處王 또는 소지왕(炤智王 : 479~500)〕이 정자에 노닐 때 까마귀와 쥐가 어디서 나와 울더니 쥐가 나서며 이르기를 「이 까마귀가 날아 가는 곳을 찾아가 보아라」고 하였다.

왕은 말 탄 기사들과 함께 까마귀를 좇아 남산 동쪽에 있는 피촌(避村)에 이르렀을 때, 두 마리의 돼지가 싸우는 것을 구경하다가 따르던 방향을 잃고 당황하였다.

이 때에 하얀 노인이 연못에서 나와 봉서를 올렸는데 겉봉에는 「이 편지를 개봉하면 두 사람이 죽을 것이고 그냥 두면 한 사람이 죽으리라」고 씌어 있었다.

왕은 두 사람보다 한 사람을 희생시킴이 옳은 처사라며 봉투를 뜯으려 하지 않았으나, 일관(日官)은 「두 사람이란 보통 서민을 말함이며 한 사람이란 바로 임금님 자신을 뜻하는 것이옵니다.」라며 개봉할 것을 아뢰었다.

왕은 일관의 말을 믿고 봉투를 뜯은 즉 「금갑(琴匣 : 거문고를 넣어 보관하는 상자)을 쏴라!」고 씌어 있었다.

왕이 즉시 입궁하여 금갑을 향해 활을 쏘니, 그 속에는 내전에서 수도하는 중이 궁주(宮主)와 통간 중이였다. 물론 까마귀의 예언대로 그 두 사람은 처형되었다.

이로부터 매년 정월 보름을 일명 까마귀 제사 날〔오기일(烏忌日) : 까마귀가 왕의 흉사를 예고해 준 것을 기리는 뜻의 행사〕이라 이름하고 행동 거지를 삼가며, 오곡 찰밥을 지어 까마귀에게 바치게 됐다는 풍습의 유래에도 승려의 음행이 개입돼 있다.

여하간에 불교는 고려 초에 국사를 좌지우지할 정도의 막강한 위력으로 번성하였으나 16대 예종조(睿宗朝)를 분수령으로 하여, 차츰 사양의 길로 접어들었고 한편 유교는 상향의 추세를 타게 되었다. 드디어 18대 의종조(毅宗朝)에 와서 배불숭유(排佛崇儒) 사상이 노골화되었고, 제 25대 충렬왕조(忠烈王朝)에서는 불교와 유교의 세력을 대립시켜 균형을 유지하기에 이르렀다.

이무렵 안향(安珦)은 충렬왕 30년 5월에 문무인을 불문하고 모두 출자(出資)토록하여 유학을 크게 번성시키고, 국학 대성전을 신성하는 등 우리 나라 최초의 주자학자로 지칭받게 되었다.

조선조 숙종 당시의 문학평론가 홍만종은 평론집『순오지(旬五志)』에 신라 이후부터 불교를 쫓고 귀신 섬기기를 좋아해서 사회의 기강이 바로 서지 않는데 대해 개탄하며 지은 안향의 시를 소개하였다.

香燈處處皆祈佛 (향등처처개기불)
管絃家家總祀神 (관현가가총사신)
唯有數間夫子廟 (유유수간부자묘)
滿庭秋草寂無人 (만정추초적무인)

향등 켜고 곳곳에서 부처에게 기도하고
음악 소리 집집마다 귀신을 부르건만
쓸쓸하고 좁다란 공자님 사당에는
가을 풀 무성하고 쓸쓸한 뜰엔 찾는 이 없도다.

이같이 유교를 숭상하는 세력이 차츰 진작되었고 상대적으로 불교가 힘을 잃기 시작한 고려 초부터, 백성들은 숙명적으로 수용해오던 빈천에서의 도피와 체념으로 향락과 퇴폐 풍조에 빠지고 말았다. 상류층의 절대적 권력과 독선 그리고 사치와 호사에 짓눌린 하류층은 상대적인 나약과 무기력으로 자위 · 자학에 빠져 남녀 정사의 쾌락을 즐기는 왜곡된 풍조가 확산되기 시작하였다.

불교가 팔만대장경 간행이라는 불가사의한 대업적을 이룩하고 국태민안을 책임지는 호국적인 종교로써 고려인들의 정신적 지주가 되었던 것은 사실이지만, 한편 국문학사적으로 현존하는 고전 작품을 통해 볼 때 그 당시 사회의 대중적 불교관은 상당히 부정적인 면도 없지 않았던 것 같다.

불교는 마침내 많은 폐단을 낳았고 결과적으로 조선조에 들어와 기라성 같은 유림들의 출현으로 고려의 국운과 함께 쇠퇴하게 되었다.

조선조 성종대에 성 현(成俔)은 『악학궤범(樂學軌範)』을 정리 편찬하고 유자광(柳子光), 어세겸(魚世謙), 신말평(申末平) 등과 함께 왕명을 받아 음란 정도가 심하여 조선조의 숭유사상과 배치됨은 물론 시가 작품으로써 정서에 해독을 끼친다하여 지탄 받아온 「쌍화점(雙花店)」, 「이상곡(履霜曲)」, 「북전(北殿)」과 같은 고려 가사를 산개(刪改 : 오류를 가다듬고 바로 잡음)하였다.

용재 성 현은 문신으로서 많은 저서를 남겼으며 그 가운데서도 수필집 『용재총화(慵再叢話)』는 당시의 인정과 풍속을 총망라하고 있기 때문에, 옛 고사를 연구하고 이해하려는 요즘의 우리들에게 많은 흥미와 관심을 충족시켜 주고 폭넓은 사료를 제공해 주는 문헌으로 다음과 같은 승사(僧舍)의 일화를 싣고 있다.

어느 관리가 전라도 지방 관원으로 가서 광주(光州) 기생에게 침을 흘리다 뜻을 이루지 못하고 애간장만 태우다가 임기가 다 돼 귀경하고 말았다. 동료들이 그 염문을 가지고 비아냥거리며 농을 거는 자리에 함께 있던 성 현(成俔)이 한시(漢詩)를 인용하여 부추겼는데, 색정과 연심을 품은 절간의 중들의 갈등을 주제로 한 글이다.

僧於聲色本無情 (승어성색본무정)
娼妓齋中尙發情 (창기재중상발정)
若作湖南乘馹客 (약작호남승일객)
玉堂學士總多情 (옥당학사총다정)

중은 본시 색정에 무심해야 하지만
기생들이 재를 올리는 자태를 보니 오히려 색욕이 솟구치누나.
만일 호남 역마를 탄 손님(염문만 뿌리고 왔다하여 비웃음 당한 관원)처럼 된다면 옥당(홍문관)의 점잖은 선비들도 누구나 다정하게(여색을 밝히게) 되리라.

옛날 어느 기생이 절에 가서 자기 부모의 재를 올릴 때 여러 동료 기생을 데리고 갔다. 그때 주방에서 산채를 다루던 중이 식칼을 든 채, 넋을 잃고 벽에 멍하니 기대어 섰는데 주지가 보고 왜 그러느냐고 까닭을 물었다.

「아름다운 기생들이 마음을 사로잡아 정신이 혼란하여 일이 손에 잡히지 않고 색정이 동하여 도무지 참기 어렵습니다.」

「오늘 같이 재를 올리는 기생들을 본다면 누군들 색정이 꿈틀거리지 않겠느냐.」며 오히려 주지승이 한술 더 뜨더라는 것이다.

만두집, 우물가, 술집 같은 장소는 그렇다 쳐도 엄숙하고 성스러워야할 절간에서의 추행은 예나 지금이나 상식을 벗어나는 파계승들의 패륜 행위로 지탄을 받았을 것이다. 썩지 않아야 될 성역이 부패했다는 사실은 그 시대의 일반 속세가 얼마나 퇴폐적이였나를 충분히 짐작케 한다.

어떻든 고려조에 꽃피운 가요의 내용이 이토록 음란함에도 불구하고 궁중의 연악에서까지 애창한 사실로 볼 때, 그 당시의 조정을 비롯하여 각계 각층이 얼마나 성 윤리의 타락과 향락적 퇴폐 풍조에 빠져 있었는가를 말해 준다.

가사의 음란성 때문에 마침내 조선조에 들어와서는 성리학자들에 의해 남녀상열지사 불가불폐기(男女相悅之詞 不可不廢棄 : 음탕한 남녀가 즐겨 부르는 퇴폐적인 노래는 폐기 처분해야 옳다.)라는 비난을 받고 배척 당하게 되었다.

그렇다고 조선 시대의 노래 가운데는 외설적인 문학 작품이 없었던 것은 아니다. 궁중 음악으로써의 기준으로 볼 때 여조(麗朝)나 조선조를 막론하고 인간 본능의 성적 요구를 자극하는 외설적인 음사는 상당수가 끊임없이 애창되었다. 농경 사회였던 우리 나라의 남녀가 옛부터 근대에 이르기까지 은밀하게 만나 통정해 온 장소로는 보리(밀)밭, 수수밭, 뽕나무밭, 갈대밭, 방아(물레)간, 노적가리, 삼밭〔마전:麻田〕, 갈대밭 같이 은폐된 곳, 심지어 음산하여 인적이 뜸한 사당 등을 선호하였다.

인간들의 생각은 동서고금을 막론하고 누구나 비슷하여 이웃 중국 사람들도 우리 나라 호색가들과 같은 장소를 선호했던 것으로 보인다. 『시경 · 용풍(詩經 · 鄘風)』에 「상중(桑中)」이란 시는 '뽕도 따고 임도 본다' 는 우리나라 속담처럼 뽕나무밭에서 남녀가 만나 불륜을 약속한다는 뜻의 「상중지기(桑中之期)」에 관한 내용이 나온다.

爰采唐矣　(원채당의)
淇之鄕矣　(기지향의)
云誰之思　(운수지은)
美孟姜矣　(미맹강의)
期我乎桑中　(기아호상중)
要我乎上宮　(요아호상궁)
送我乎淇之上矣 (송아호기지상의)

나물을 캐었노라
기읍 땅 고향에서,
그리운 이 누구인가
미녀 맹강이로다.
나와 만날 뽕나무밭 약속,
상궁에서도 맞아 주고
기수 강가에서 나를 보내 주었네.

유부녀 맹강이란 여자가 정부를 두고 즐기는데 그 성 행위를 하는 은밀한 장소로 뽕나무밭도 마다하지 않았다. 이 시는 위(衛)나라 왕실이 극도로 문란하여 남녀가 서로를 사냥하듯 쫓아다니며 다른 사람의 처첩을 후려가지고 음침한 장소로 데리고 가서 놀아나는 등 어떤 힘으로도 그 불륜의 만행을 금지시킬 수 없는 지경에 이르렀음을 풍자한 작품이라는 평을 듣고 있다. 그러니까 이 시에서 보듯 남녀의 음행에는 어떤 격식을 갖춘 장소가 별로 필요치 않아 심지어는 상여를 보관하는 상여 움막집의 공포도 불사할 정도다.

좌우간 『규장각본 · 가곡원류(奎章閣本 · 歌曲源流)』에 수록된 사설시조 한 편을 보아도 조선 시대 남녀들이 정사를 나누던 불륜 장소나 음란의 정도에 있어서 여조의 노래에 비해 별로 다르거나 뒤질 것이 없다.

니르랴 보쟈 니르랴 보쟈 내 아니 니르랴
네 서방(書房)더려 거즛거스로 물 깃는체 하고
통(桶)으란 나리와 우물 쎤 에 녹코 ᄯᅩ 아리 버셔 통(桶) 됴지에 걸고
건넌집 뎍은 김서방(金書房)을 눈 금뎍 불너 내여
두숀목 마죠 덤썩 쥐고 수군 수군 말하다가

삼밧흐로 드러 가셔 무음 일 하는지
잔삼은 쓰러지고 굵은 삼대 끝만 남아 우듥 우듥 하드라 하고 내 아니 니르랴
네 서방(書房)더려 뎌 아희(兒禧) 닙이 보드라와 거즛말 마라스라
우리도 마을 지엄인 전차(詮次)로 실삼 캐라 갓더니라.

— 작자 미상

〔해 설〕
일러 보자 일러 보자, 내 아니 일으랴
네 남편에게는 거짓으로 물 깃는 척하고
물통은 우물가에 내려놓고 또아리 벗어 물통 손잡이에 걸고
건너 집 젊은 김서방을 눈짓으로 불러내어
두 손목 냉큼 마주 잡고 수군 수군 귓속말 하다가
삼밭(麻田)으로 (끌고)들어 가서 무슨 일을 하는지
가늘고 어린 삼은 쓰러지고 크고 굵은 삼대는 (잎이 다 떨지도록)심하게 흔들려 우줄우줄 하더라고 내 아니 일을까 보냐
네 남편에게 저 아이의 입이 가벼워 (거짓말을 잘 한다고) 그렇게 둘러 대지 말아라
우리도 (다 같은) 이 마을의 아낙네로서 도리를 다하기 위해 삼밭에는 갔지만 실삼(絲蔘)을 캐러 간 것일 뿐이니라.

「쌍화점」에서는 음행의 소지가 다분한 곳에 일보러 갔다가 손목을 잡혀 마지못해 정분을 나눈 것으로 변명하고 있는데 반하여 여기서는 우물 길러 가는 척 가장하고 가증스럽게도 젊은 남성을 은밀하게 삼밭으로 유혹하여 통간한 음행을 본남편에게 누설시키겠다고 동네 아녀자들이 벼르는데, 결국 통정의 동기가 타의냐 자의냐가 다를 뿐 일단

불륜에 들어간 후에는 완강히 거부하기는 커녕 오히려 성적 희롱과 쾌락에 몰입돼 적극 호응하였다는 공통적 사실이 발견된다.

그것은 「쌍화점」에서 성 행위가 끝난 뒤에 매우 어지럽게 흩어진 흔적을 본 제 삼자가 충동적으로 성욕을 일으켜 자신도 그 장소에서 가서 똑같은 행위를 하겠다고 되뇌는 것이나, 위의 사설시조 「이르랴 보자 이르랴 보자」에서 가늘고 연약한 삼대가 마구 쓰러져 누었다고 한 것은 성 행위가 오르가슴의 경지에 이르자 두 남녀가 엉겨 붙어 뒹굴었음을 암시하고 있다. 게다가 두 남녀의 성 행위가 지나치게 고조되어 몸부림치는 듯한 몸 동작 때문에 굵고 튼튼한 삼대의 연한 잎은 다 떨어지고 회초리 같은 가지 끝만 남을 정도로 매우 심하게 흔들렸다는 것은 불륜의 동기나 이유는 차치하고, 남녀간의 음행이 매우 쾌락에 몰입되어 인사불성의 격렬한 경지로 그려져 있다는 사실이다.

이 사설시조의 마지막 끝 행은 작자가 품고 있는 기나긴 내용을 단 한 줄의 짧은 시구(詩句)로 함축시켜 그려낸 재치와 묘미가 뛰어난 부분이다.

삼밭의 정사를 엿본 제 삼의 인물들도 김서방을 꾀여 낸 음녀와 같은 마을에 사는 아낙네인 것은 사실이다. 그리고 그녀들도 삼밭에 가기는 갔지만, 남녀유별의 도리를 저버리고 너처럼 서방질하기 좋은 그런 삼밭〔麻田 : 삼베를 짜는 삼을 기르는 밭〕에 들어가 통간을 하려고 간 것이 아니라, 어디까지나 순수하게 인삼을 재배하는 삼밭 〔蔘圃 : 인삼 밭〕에 실삼(絲蔘)을 캐러 간 것임을 강조하고 있다. 삼밭에 갔다해서 다 같은 삼밭이 아니며 그 곳에 간 동기나 한 일 차체가 근본적으로 다르다는 것을 동네 아낙들은 분명히 짚고 넘어간다. 그래서 무고한 자신들이 휘말려 들어가서 누명을 뒤집어 쓰는 불상사가 생기지 않도록 선불리 거짓말할 생각을 말라며 음녀의 입을 미리부터 닥달해 둠으로써 장차 시비가 없도록 사전 대비를 굳게 해두는 옛 아낙들의 순진한 심성을 뛰어난 솜씨로 오묘하게 응축시켜 표현한 작품이다.

그러므로 「쌍화점」같이 남녀불륜을 그린 음사로 언뜻 속단하기 쉬운데, 이런 노래들을 대할 때 단순히 성 희롱에 초점을 맞추어 감상하기보다 한 걸음 더 나아가 문학적으로 얼마나 작품성이 강하게 배어 있는가에 무게를 싣고 본다면 쉽게 외설이라고 단정지을 수 없는 작품들이 대부분이라는 사실이다.

여자의 음행을 노골적으로 비난하다가 방탕한 남녀의 호색심리란 그렇고 그런 것이라고 반전시켜 성적 욕구란 누구나 비슷하다고 매도한 옛시조 작품도 있다.

얼골 조코 뜻 다라온 년아 밋 정조차 부정(不貞)한 년아
엇더한 어린놈을 황혼(黃昏)에 기약(期約)하고 거즛 맥 바다 자고 가란 말이 입으로 차마 도와 나난
두어라 창조야엽(娼條冶葉)이 본무정주(本無定主)하고
탕자지탐춘(蕩子之探春) 호화정(好花情)이 피아(彼我)의 일반(一般)이라 허물할줄 이시랴.

얼굴은 예쁜데 마음씨 더러운 계집년아 밑정(여자의 음부 또는 그것을 허락할 정도의 정분 : 미주알) 조차 더러운 년아
어떤 어린(여색을 몰라 순진하고 어리석은)놈을 해거름에 (만나기로)약속하고 거짓으로 유혹(감언이설)하여 자고 가란 말을 차마 할 수 있느냐?
상관하지 말자, 창기는 본래부터 정해진 주인이 없고 호색한이 계집 밝히는 것은 예사로운 것이니 꾸짖고 개탄할 일 아니리라.

이 시조 역시 닳고닳은 음녀가 순진하고 어린 연하의 남정네를 유혹

하여 성적 쾌락을 만끽하기 위한 시도라는 점에 있어서는 「니르랴 보자 니르랴 보자」와 비슷하다.

그러나 후반부에서 부정한 계집의 행실을 남편에게 알려서 도덕성을 회복시킬 필요가 있다는 동네 여성들의 정조 관념에 대한 집념과 음탕한 패륜 남녀란 모두 그렇고 그런 거라며 도덕성 회복을 시도해 볼 가치조차 없다고 체념해 버리는 상반된 차이를 두 시조에서 찾아 볼 수 있다.

만전춘(滿殿春)

이 노래는 「가시리」, 「정석가」, 「사모곡(思母曲)」, 「이상곡」 등과 함께 고려 가요라고 못박아 말하기 어려운 작품으로 알려져 있다.

그것은 『악장가사(樂章歌詞)』에 실려 있다는 사실 외에는 작품에 관련된 배경 설명에서 여요로 단정지을 만한 자료를 발견하지 못했기 때문이다.

다만 작품의 형식과 내용 그리고 여러 가지 정황이나 작품 성향이 조선조에서 꽃피운 시조나 가사 문학과는 거리가 먼 반면, 오히려 고려가요에 근사한 점이 두드러져 편의상 같은 장르로 묶어 분류하고 있다.

어름우희 댓닙자리 보아
님과 나와 얼어 주글만뎡
어름우희 댓닙자리 보아
님과 나와 얼어 주글만뎡

정둔 오늘ㅅ 밤 더듸 새오시라 더듸 새오시라

경경고침상(耿耿孤枕上)에
어느 자미 오리오
서창(西窓)을 여러하니
도화(桃花)ㅣ 발하두다.
도화는 시름 업서 소춘풍(小春風)하나다.

넉시라도 님을 한대
녀닛경(景) 너기다니
넉시라도 님을 한대
녀닛경 너기다니
벼기더시니 뉘러시니잇가 뉘러시니잇가

올하 올하
아련 비올하
여흘란 어듸두고
소해 자라온다
소콧 얼면 여흘도 됴하니 여흘도 됴하니

남산(南山)애 자리 보아
옥산(玉山)을 벼어 누어
금수산(錦繡山) 니블 안해
사향(麝香) 각시를 아나 누어
남산애 자리 보아
옥산을 벼여 누어

금수산 니블 안해
사향 각시를 아나 누어
약(藥)든 가삼을 맛초압사이다 맛초압사이다

아소 님아 원대평생(遠代平生)에 여힐살 모르압새

— 작자 미상

〔해 설〕

차가운 어름판에다 가장 억세고 차가운 댓잎으로 잠자리를 깔고
임과 내가 자다가 얼어 죽을 지언정
차가운 어름판에다 가장 억세고 차가운 댓잎으로 잠자리를 깔고
임과 내가 자다가 얼어 죽을 지언정
정을 나누는 오늘 밤아 더디 새어라 더디 새어라.

멀리 떠나간 임을 걱정하는 외로운 베갯머리에 무슨 잠이 오리오
달이 기우는 서쪽 창 밖에는 복사꽃이 만발하누나
복사꽃은 (내 마음과는 달리)걱정도 없는지 봄바람에 활짝 웃는구나.

(상사병으로 죽게 된다면)넋이라도 임과 한 곳으로…
그것은 남의 경우로만 여겼더니
넋이라도 임과 한 곳으로…
그것은 남의 경우로만 여겼더니
(우리는 역시 그럴 리 없다고) 우기던 사람이 누구였습니까 누구였습니까?
오리야 오리야

가련한 비오리야
여울은 어디 두고
늪에 자러 오는가
늪이 이제 곧 얼면
여울도 좋으리라 여울도 좋으리라.

남산에 자리 보아
옥산을 베고 누워
(산봉우리 같이 봉곳하게 펴놓은) 비단 이불 속에
사향(매력적인 색향) 각시(애인) 끌어안고 누워
남산에 자리 보아
옥산을 베고 누워
금수산 이불 속에
사향각시 안고 누워
향주머니가 들어 있는 가슴(여자의 아름다운 가슴의 비유?)을
서로 마주 대어 봅시다.
마주 대고(끌어)안아 봅시다.
아! 제발 임이시여 우리의 창창한 앞날을 (상사병으로 인해)죽으리란
(불길한 생각은) 다 잊어버리고 오래 오래 삽시다.

내용이 장황하면서도 직설적이고 사실적이어서 그 당시 단순 소박한 평민들의 연정을 말초적으로 자극하기 쉬운 노래였을 것으로 본다.

비단 사랑하는 연인과의 꿈같은 정사의 시간을 애틋하게 그리워하는 기녀가 아니라 해도, 남녀 신분고하에 관계없이 인간이라면 공통적으로 마음 속에 한번쯤 품어 볼만한 연심의 애잔함이 곡진하게 배어 나온다.

이미 졸저 〈역사와 함께하는『옛 시조 문학산책』· 박광정〉에서 밝힌 바와 같이 황진이(黃眞伊)의 시조「동짓달 기나긴 밤」과 여러 가지 정황이나 시적 분위기가 매우 흡사한 노래이다.

차디찬 겨울밤이란 절대적인 상황과 뜨거운 열정을 유감 없이 불태우는 에로티즘을 대비시키므로해서 매우 밀착된 무아지경의 정사 장면을 고도의 기법으로 부각시켜 그려 낸 뛰어난 작품이다.

그것은 우리 고유의 옛 시조나 한시(漢詩) 등에서 흔히 볼 수 있는 작법상의 기교인데, 이상은(李商隱)이 지은「버들시(柳詩:류시)」가 그런 부류라 할 수 있다.

曾共春風拂舞筵 (증공춘풍불무연)
樂遊晴苑斷腸天 (낙유청원단장천)
如何肯到淸秋節 (여하긍도청추절)
已帶斜陽更帶蟬 (이대사양경대선)

일찍이 봄바람 불어와 춤 자리를 휩싸 잡던 날
맑게 갠 정원에서 애끓는 사랑을 불태웠네.
어쩌다 쓸쓸한 가을철이 오는 걸 막지 못한 채로
이미 지는 노을도 서러운데 매미 마저 왜 우는가.

아직도 연인과의 애달픈 사랑은 봄철과 같아 시작에 불과하여 끝이 없는데 빠른 세월을 제대로 거부 한번 해 볼 여유도 없이 어느덧 서글픈 가을을 맞게 되다니… 엊그제 새움 돋듯 시작된 사랑의 희열이 금새 시들어 조락의 운명이 된 것만으로도 뼈아픈데, 설상가상으로 서산에 서글피 지는 저녁 노을과 슬픔을 고조시키는 매미의 울음소리는 또 무엇이란 말인가. 이 당시(唐詩)를 아가페적 차원의 품격 높은 시라고 본다면, 「만전춘」은 보다 색정적으로 성 행위를 직설한 에로티즘의 노래라는 관점이 다를 뿐, 작자들이 말하고자 하는 바 핵심에 있어서나 그것을 보다 더 뚜렷하게 드러내기 위해 대비적 기법에 의존한 점은 조금도 다른 데가 없다.

그래서 고가(古歌)의 품격에 대해 「즐겁기는 한이 없되 음탕하지는 않고 슬프기는 끝이 없되 그로 인해 몸을 축나게 하지는 않는다.」는 공자의 말을 인용하여 작품을 평설한 논자도 있다.

이를테면 「류시(柳詩)」와 같은 당시(唐詩)는 즐겁되 음심을 자극하지 않고 섧기는 한이 없으나 몸이 축나고 진력할 만큼 해를 끼치지 않는데 반하여, 「만전춘」은 즐겁고도 음탕하며 슬픔 또한 매우 큰 노래라고 보아야 할 것이다.

그러나 이처럼 어느 한쪽으로 치우치는 느낌을 받지 않으면서 마음이 조용히 설레여 오는 에로틱한 중국의 한시가 있다.

碧玉破瓜時 (벽옥파과시)
郎爲情顚倒 (낭위정전도)
感君不羞赧 (감군불수난)
回身就郎抱 (회신취랑포)

푸른 옥인 양 오이가 깨질 때
임은 사랑의 몸으로 덮어 왔네
임을 알게 되니 외려 부끄럼 모르고
몸을 맡겨 파고 들어 포옹하네.

푸르고 깨끗하기가 옥과 같아 싱싱하기 이를 데 없는 파란 오이가 깨지는 것을 비유하여 여자가 처녀성을 잃고, 한 여성으로서 다시 태어나 성에 대해 새롭게 눈뜨고 있다는 뜻으로 쓴 시이다. 그러니까 지금 막 남녀의 성 관계가 시작되어, 비로소 한 여성이 이성과의 성적 쾌감, 황홀감, 신비감을 처음 알게 된다는 내용이다. 중국의 손작(孫綽)이 지은 「정인벽옥가(情人碧玉歌)」라는 시로 읽는 이들을 매우 실감시키면서도 남녀의 성적 쾌락과 성 행위 장면을 묘사함에 있어 노골적인 표현을 적절히 절제했기 때문에 야한가 하면 품격이 있고, 품위가 있는가 하면 야한 듯한 고도의 기법 구사로 심연에 잠긴 듯한 작자의 의도를 충분히 표출해 낸 작품이다.

이상곡(履霜曲)

이 가요는 혼자의 몸으로 살아가는 기녀들의 시조 작품들이 담고 있는 성정과 거의 비슷한 느낌을 주는 노래로, 외로운 청상 과부의 애절한 연심(戀心)을 함축미 있게 잘 들어 낸 수작으로 알려져 있다.

비 오다가 개야 아 눈 하 디신나래
서린 석석사리 조븐 곱도신 길헤
다롱디우셔 마득사리 마두너즈세 너우지
잠 ᄯᅡ 간 내니믈 너겨
깃단 열명길헤 자라오리잇가
죵죵 벽력(霹靂) 생(生) 함타무간(陷墮無間)
고대셔 싀여딜 내모미
죵 벽력(霹靂) 아 생(生) 함타무간(陷墮無間)
고대셔 싀여딜 내모미
내님 두옵고 년뫼를 거로리

이러쳐 뎌러쳐
이러쳐 뎌러쳐 긔약(期約)이 잇가
아소 님하 한 대녀졋 긔약(期約)이이다

— 작자 미상

〔해 설〕

비 오다가 개고, 아하! 눈이 많이 오시는(변덕이 심해 일기 불순한) 날에,
서리 내려 얼크러진 숲, 좁고 (고불고불)굽어 돌고 돈 (험한)길에,
다롱디우셔 마득사리 마두너즈세 너우지
잠을 빼앗아간 내 님 (그리움에) 못 이겨 (찾아 오기를 바라는데),
그 따위(임을 가로막는데 대한 원망스움의 표현)로 험하고 무시무시한 길에(어찌 찬 서리를 밟고)자러 올 것인가
가끔씩 뇌성 벽력을 치니, 아하! 산 채로 지옥에 떨어져
금새 사라질 내 신세(가 되었지만)
내 님을 두고 다른 산(사나이와?)을 걸으랴(통정을 하랴?)
이렇고 저렇고
이렇고 저렇고 (분명한)기약이 있아옵니까
제발 임이여! 한 곳으로 (함께)가고픈 기약(만 바랄) 뿐입니다.

비와 눈이 서로 엇갈려 변덕스럽게 진눈깨비를 퍼부어 바깥 나들이하기는 춥고 어설픈 날, 밤이 되면 영락없이 된서리 내려 더욱 매섭게 추워질 것이다. 게다가 설상가상으로 헤쳐 나가기조차 어려울 정도로 숲이 우거지고 좁은 구절양장 험한 길따라, 오매불망 잠자리를 설치게 하는 망부(亡夫)가 그 모양으로 막혀 버린 무서운 길을 아무리 청상이 된 아내를 사랑한들 어찌 찬서리를 밟고 동침하러 올 수 있단 말인가?

가신 임을 생각하면 벼락을 맞아 금새 죽어 지옥에 떨어져 죽고 싶을 뿐인데 어찌 딴 연인을 마음에 품겠느냐고 순애의 결단을 보인다. 이제는 어떤 약속도 더 필요하지 않으니 오로지 내가 죽거들랑 함께 있겠다는 약속만 해달라는 간절한 사랑의 노래이다. 이처럼 일부종사를 호소하는 청상 여인의 순애가(殉愛歌)로 음란한 부분이 별로 없음에도 불구하고 조선조에 음사로 분류되었던 작품이다. 그것은 성종조(成宗朝) 당시 성 현(成俔) 등에 의해 정비 · 편찬될 때, 산개 과정에서 건전한 내용으로 개사(改詞)한 작품이 전해지고 있는 것으로 추론하기도 한다.

아무리 회자정리라 해도 인간들에게 있어서 어떤 이유로든 이별이란 오래도록 슬프고 아픈 상처로 남아 우리 인간의 마음을 어둡고 우울하게 만들 뿐만 아니라 깊은 연민에 젖게 한다.

죽기보다 싫은 고별에 관한 애사(哀史)는 수없이 많다. 그 아픔을 대표할만한 몇 가지 중국 고사를 일단 전제한 다음, 마지막 끝 연(聯)에서 일전시켜 이별 없는 삶이 얼마나 행복한 삶인가를 구가한 노래가 있다.

천고이별(千古離別) 설운 중(中)에 누구누구 더 셜운고
명황(明皇)의 양귀비(楊貴妃)와 항우(項羽)의 우미인(虞美人)은
검광(劍光)에 날아 나고
한공주(漢公主) 왕소군(王昭君)은 호지(胡地)에 원가(遠嫁)하야
비파현(琵琶絃) 홍곡가(鴻鵠歌)의 유한(遺恨)이 면면(綿綿)하고
석숭(石崇)의 금곡번화(金谷繁華)로도 녹주를 못잇엿시니
우리는 연리지(連理枝) 병체화(竝蔕花)를 님과 나와 것거 쥐고
원앙침(元央枕) 비취금(翡翠衾)에 백년동락(百年同樂) 하리라

— 김묵수

〔해 설〕
예로부터 이별의 슬픔 가운데 어느 이별이 더 서러울까
당나라 현종(玄宗)의 애첩 양귀비와 항우의 우미인은 서슬 퍼런 창검 가운데서 사랑을 했고
한나라 공주 왕소군은 오랑캐 땅으로 멀리 시집 갈 때 비파를 뜯으며 부른 홍곡가의 한이 지금도 이어지고
석숭은 금곡땅 별장의 호사스러움으로도 자살한 녹주를 못잊었으니
우리는 그처럼 이별의 고통을 겪지 않기 위해 연리지 병체화를 임과 내가 꺾어 쥐고
원앙침 비취금에 사랑을 나누며 함께 즐겨 백년해로 하리라.

그리도 많고 많은 이별 중에 역사적으로 가장 참담했던 고사를 전제한 다음, 감당하기 어려운 이별의 아픔을 거부하는 사설시조이다.

당(唐)나라 현종의 얼을 뺄만큼 총애를 받은 양귀비는 과연 얼마나 뛰어난 절세미인이였으면 경국지색(傾國之色)이라 했을까? 그것은 미색에 빠진 현종이 정치를 그르쳐 안록산의 난으로 비참하게 멸망할 때 마외파에서 목을 매어 죽은 양귀비와 사별한 비극적 사실을 담은 백거이(白居易)의 「장한가(長恨歌)」에서 알 수 있다.

漢皇重色思傾國 御宇多年求不得 (한황중색사경국 어우다년구불득)
楊家有女初成長 養在深閨人未識 (양가유녀초성장 양재심규인미식)
天生麗質難自棄 一朝選在君王側 (천생려질난자기 일조선재군왕측)
廻眸一笑百媚生 六宮粉黛無顔色 (회모일소백미생 육궁분대무안색)

한황이 여색을 밝혀 나라가 기우는 것도 모를 정도로 미인을 사모했는데 황제로서 (미색을)여러 해 찾았으나 찾지 못했네.

양씨 가문에 처음 태어난 여아가 자라고 있었건만 집안에서 곱게 자라고 있음을 남들은 몰랐다네.
하늘이 준 아름다움이라 제 뜻대로 버려지질 않네 어느 날 갑자기 뽑혀와 임금님을 모셨네.
눈 찡긋하고 한번 웃으면 온갖 교태 넘치니 육궁의 아름다운 궁녀들 마저 질려 낯빛을 잃었다네.

이토록 뛰어난 미모의 양귀비와 죽음으로 이별한 현종의 슬픔을 어디에 비하랴 마는 항우와 우미인의 이별도 그에 못지않는 비극이였다.

항우는 몸집이 거구에다 힘세고 용맹하여 수백근이나 되는 무쇠솥을 번쩍번쩍 들어 올렸다하여 거정(擧鼎)이라는 말까지 생겼다. 그런데 8년간이나 유방(劉邦)과 천하를 놓고 다투던 항우의 군사는 전세가 기울어 해하(垓下)까지 쫓겨 오게 되었다. 그때 사면초가(四面楚歌:적장 유방의 한나라 진영에서 초나라 백성들의 노래가 사방에서 들림)가 들려 오자, 사기가 땅에 떨어진 항우는 전의를 완전히 상실하고 말았다.

그리고 「項王則夜起飮帳中 有美人名虞常行從 駿馬名騅常騎之 於是項王乃悲歌忼慨自爲詩曰 (항왕즉야기음장중 유미인명우상행종 준마명추상기지 어시항왕내비가강개자위시왈)」이란 기록에 의하면, 밤이 되자 항우는 장막에서 술을 펴 마시는데, 그 옆에는 늘 그림자 같이 따르는 아름다운 미인 우(虞)와 그녀의 애마 추(騅)라고 부르는 명마도 함께 있었다. 이에 항우는 비통에 북받친 나머지 슬픔의 시를 읊었다.

力拔山兮氣蓋世 (역발산혜기개세)
時不利兮騅不逝 (시불이혜추불거)
騅不逝兮可奈何 (추불거혜가내하)

虞兮虞兮奈若何 (우혜우혜내약하)

힘은 산을 뽑고 기상은 세상을 덮칠만한데,
시운이 불리하니 애마 추(騅)는 떠나 가려하질 않네.
애마가 떠나지 않으려 하니 어쩌면 옳으랴,
우여! 내 사랑 우여! 너를 어찌 할거나.

—『사기 · 항우본기(史記 · 項羽本紀)』

이렇게 항우가 비탄의 눈물로 노래를 하자, 사랑하는 우(虞)미인도 화답의 시를 읊었다는 것이다.

그후 전황은 더욱 불리하여 지금의 안휘성 화현 동북방에 있는 오강(烏江)까지 와서 도강하지 않고 자결하므로 우미인과 이별의 비극은 막을 내렸다.

한(漢)나라 공주 왕소군은 절세의 미녀로 흉노와 유화를 강화하기 위해 공녀(貢女)의 신세가 돼, 머나 먼 오랑캐 땅으로 떠나게 되었다. 적국으로 향하기에 앞서 비통함을 참지 못한 나머지 말 위에서 비파를 뜯으며 부른 노래가 홍곡가(鴻鵠歌)인데 그 속에 담긴 원한은 아직도 그칠 줄 모르는 슬픔으로 이어지고 있다.

진(晉)나라의 거부이며 문장의 대가였던 석숭에게는 미색이 뛰어난 애첩 녹주(綠珠)가 있었다. 그런데 손수(孫秀)라는 자가 찾아와 녹주를 달라고 간청했으나 거절하였는데, 얼마 후에 왕명을 빙자하여 빼앗아 가려하자 녹주는 높은 다락으로 올라가 떨어져 자살함으로써 순정을 지켰다.

이별이 얼마나 참담하고 비통한 것인가를 사람들은 너무도 잘 알고 있기 때문에 일생을 통하여 사랑하는 혈육이나 연인, 친지들과의 헤여짐을 결코 원하지 않는다.

후한말(後漢末) 유학자 채옹(蔡邕)이란 사람은 문인으로서 효행이 지극한 인물이었다. 칠순의 어머니가 노환으로 눕자, 간병에 온 정성을 다하느라 3년간이나 옷을 벗지 못하고 입은 채로 휴식 한번 제대로 취하지 못했다. 어머니가 돌아가신 후에는 묘막을 짓고 3년상을 치르는 등 효도를 다하였다. 탈상을 하고 집으로 돌아 왔는데 채옹이 거처하던 초막 앞에 나무 두 그루가 점점 자라면서 차츰차츰 서로 맞붙더니 마침내 한 그루의 나무가 되었다. 이 기이한 일은 채옹의 효성이 지극하여 일어난 기적이라고 칭송하였으며 가지가 맞닿아 이어졌다 하여 연리지(連理枝)라고 했다.

그러나 지극한 효성을 뜻하는 전설 본래의 사실과 달리 금슬좋은 부부나 변함없는 연정을 의미하게 되었다.

그래서 「천고 이별 설운 중에」에는 사랑하는 연인사이에 절대 변절함이 없을 것을 다짐하는 순애의 뜻으로 인용된 것이다.

在天願作比翼鳥 (재천원작비익조)
在地願爲連理枝 (재지원위연리지)
長天地久有時盡 (장천지구유시진)
此限綿綿無盡期 (차한면면무진기)

하늘에서는 비익이란 새가 되고
땅에서는 연리의 가지 되기를 바라네
끝없는 천지도 변할 때가 있으련만
우리의 한 많은 사랑은 다할 날 없으리.

여기에 나오는 비익조(比翼鳥)는 본시 생겨날 때 날개를 하나만 가지고 나오기 때문에 진실로 사랑하는 짝을 만나 두 마리의 새가 한 몸이 되어야 비로소 두 날개로 날 수 있다 하여 연리지와 같은 뜻으로 쓰인다.

이와 같은 또 하나의 의미로 사용된 병체화(竝蔕花)는 한 꼭지(자루)에서 두 송이의 꽃이 피는 나무로 거기서 피어난 꽃을 말한다.

어떻든 옛 시조 「천고이별 셔룬 중에」는 이별의 슬픔으로 연정에 대한 폐쇄감을 주는 「이상곡(履霜曲)」과 달리, 영원 불변의 사랑으로 연인과 더불어 원앙새를 수놓은 베개를 베고 비취색 비단 이불 속에서 함께 즐기며 살아가기를 바라는 열린 마음으로 사랑을 노래했다.

그 밖에 부부의 사랑을 행동적으로 현실성 있게 매우 구체적이고 직설적으로 표현한 노래도 있다.

울도 담도 없는 집에 시누 올케 빨래가니
소낙비 쏟아지니 물보라가 닥치더라
시누 올케 한구뎅에 없어지니
그 오빠 거동 보소
물속에다 들어가서 이리저리 헤맬 적에
올케 손과 동생 손이 걸쳐지니
동생 손을 얼른 놓고 새댁 손을 잡아내네
이 꼴되니 그 네 동생 하는 말이
오빠 오빠 우리 오빠
남매정은 어따두고 부부정이 놀랍던가
오빠 죽어 개구리되고 내는 죽어 배암되어
삼사월 진진 해에
방아깐 뒤뚝에서 만납시다.

의지할 식구 없어 외로운 집에 시뉘올케 빨래를 가니

소낙비 쏟아지고 물살이 거세지네
시뉘올케 한 물 구덩이에 빠졌는데 그 오빠 거동 보소
물 속에 뛰어들어 여기저기 허둥댈 때
올케 손 동생 손이 한껍에 잡혔는데
동생 손 얼른 놓고 새댁 손만 덥석 잡네
오빠 오빠 우리 오빠
남매정은 어디 두고 부부정이 중하던가
오빠 죽어 개구리 되고 나는 죽어 뱀이 되어
삼사월 긴긴 해에 방앗간 뒤 둑에서 만나 봅시다.

뱀이 되어 개구리를 잡아먹고 싶을 정도로 오빠를 미워하는 것으로 표현된 노래지만 그것은 말뿐이지 사실상 시누이의 속마음은 의지할 식구도 없던 집에 새 올케가 들어와서 오빠와 부부애를 다지며 금슬좋게 사는 아름다운 모습에 만족하고 있는 것이다. 그래서 두 남매만 살 때의 외로움을 즐거움으로 바꿔 놓은 놀라운 변화가 일어나, 보다 더 두터워진 가족애를 은근히 자랑하고 싶은 충동을 반어적 기법으로 표현한 노래인 것이다.

이 노래는 충북 영동 지방의 가요로 오랜 옛날부터 주로 평민들의 입에서 입으로 구전돼 오는 노래를 『영동군지(永同郡誌)』에 「부부정 남매정」이란 제목으로 채록 됐는데 지극히 서민적인 정서에 해학이 넘치고 질박한 향토 의식이 짙게 깔려 있는 속요이다.

3. 무속과 주술

처용가(處容歌)

『악학궤범(제5권:시용향악)』에는 「鶴蓮花臺處容舞合設(학연화대처용무합설)」이란 제목 아래 처용무가 학춤과 함께 연꽃무대 놀이를 혼합으로 함께 공연하는 내용과 방법을 그림으로 보여 주고, 매년 12월 그믐날밤 오경(3~5시)에 구나(驅儺 : 궁중에서 세모에 역귀를 물리치고 새해의 태평성대를 기원하는 행사)가 끝난 뒤에 이도(二度)의 처용무를 연주하였다는 설명이 보인다.

그리고 「처용가」는 고려조를 거쳐 조선조에 이르는 동안 「처용희(處容戲 : 처용놀이)」, 「처용무(處容舞 : 처용의 춤)」라는 이름의 무대 공연을 위한 작품으로 좀더 발전되어 신라 때 춤추며 노래 부르던 짧은 원형의 처용가 노래말 앞뒤에 훨씬 많은 가사를 덧붙여 매우 길어진 형태가 된 고려 가요로써의 처용가가 보전되고 있다.

전강(前腔)　신라성대(新羅盛大) 소성대(昭聖代)
천하대평(天下大平) 나후덕(羅候德)

처용(處容) 아바
이시인생(以是人生)애 상불어(常不語)하시란대
이시인생(以是人生)애 상불어(常不語)하시란대
부엽(附葉) 삼재팔난 (三災八難)이 일시소멸(一時消滅)하샷다

중엽(中葉) 어와 아븨즈이여 처용(處容) 아비즈이여
부엽(附葉) 만두삽화(滿頭揷花) 계오샤 기울어신 머리예
소엽(小葉) 아으 수명장원(壽命長願)하샤 넙거신 니마해
후강(後腔) 산상(山象)이슷 깅어신 눈섭에
애인상견(愛人相見)하샤 오알어신 누네
부엽(附葉) 풍입영정(風入盈庭)하샤 우글어신 귀예
중엽(中葉) 홍도화(紅桃花)가티 븕거신 모야해
부엽(附葉) 오향(五香) 마타샤 웅긔어신 고해
소엽(小葉) 아으 천금(千金) 머그샤 어위어신 이베

대엽(大葉) 백옥유리(白玉琉璃)가티 해여신 닛바래
인찬복성(人讚福盛)하샤 미나거신 탁애
칠보(七寶)계우샤 숙거진 엇게예
길경(吉慶) 계우샤 늘의어신 사맷길헤
부엽(附葉) 설믜 모도와 유덕(有德)하신 가사매
중엽(中葉) 복지구족(福智俱足)하샤 브르거신 배예
홍정(紅鞓)계우샤 굽거신 허리예
부엽(附葉) 동락대평(同樂大平)하샤 길어신 허튀예
소엽(小葉) 어으 계면(界面) 도라샤 넙거신 바래
전강(前腔) 누고 지어셰니오 누고 지어셰니오
바늘도 실도 어ㅂ시 바늘도 실도 어ㅂ시

부엽(附葉) 처용(處容) 아비를 누고 지어셰니오
중엽(中葉) 아마만 아마만 하니여
부엽(附葉) 십이제국(十二諸國)이 모다 지어셰욘
소엽(小葉) 아으 처용(處容)아비를 아마만 하니여

후강(後腔) 머자 외야자 녹이(綠李)야
쌜리 나 내 신고할 매야라
부엽(附葉) 아니옷 매시면 나리어다 머즌 말
중엽(中葉) 동경(東京) 발근 다래 새도록 노니다가
부엽(附葉) 드러 내 자리를 보니 가라리 네히로섀라
소엽(小葉) 아으 둘흔 내해어니와 둘흔 뉘해어니오
대엽(大葉) 이런 저긔 처용(處容) 아비옷 보시면
열병신(熱病神)이 아 회(膾)ㅅ 가시로다
천금(千金)을 주리여 처용(處容)아바
칠보(七寶)를 주리여 처용(處容)아바
부엽(附葉) 천금(千金) 칠보(七寶)도 말오
열병신(熱病神)을 날 자바 주쇼셔
중엽(中葉) 산(山)이여 매히여 천리외(千里外)예
부엽(附葉) 처용(處容) 아비를 어여려거져
소엽(小葉) 아으 열병대신(熱病大神)의 발원(發願)이샷다

— 작자 미상

〔해 설〕

신라의 거룩하고 빛나는 시대
천하태평 밝은 덕이신
처용아비여

이러므로써 (처용의 위력적인)삶을 늘 말하지 않아도
이러므로써 (처용의 위력적인)삶을 늘 말하지 않아도
삼재팔란이 순식간에 사라지는 구나

아 아! 아비시여 처용 아비 모양이시여
머리 위에 온통 꽃으로 장식하여 기울어진 머리에
아 아! 장수를 오래 빌어 넓어진 이마에
산에 무성한 숲과 같은 (높은)기상의 눈썹에
사랑하는 사람 마주 보기에 부족함 없는 눈에
바람이 가득 찬 뜰에 들어 우그러든 귀에
홍도화(복사꽃)처럼 붉은 모양,
오향 냄새 맡으셔 우묵한 코에
아 아! 천금을 머금으신 듯 넙쭉한 입에
백옥 유리같이 하얀 이에
사람들의 칭송과 복이 넘치시어 (흐뭇해서)내미신 턱에
칠보 (무게)를 못이겨 축 처진 어깨에
경사에 겨워 늘어진 소매에
슬기를 모아 덕을 쌓은 가슴에
복과 지혜를 모두 넉넉히 갖춰 불뚝한 배에
붉은 (옷과) 허리띠 (무게)에 겨워 굽으신 허리에
태평성대 함께 즐겨 길어지신 정강이에
아 아! 계면조에 (장단 맞춰 가무를 즐기며) 돌아가느라 넓어지신 발에

누가 만들어 세웠느냐? 누가 만들어 세웠느냐?
바늘도 실도 없이 바늘도 실도 없이

처용아비(가면)를 누가 만들어 세웠느냐?
많고 많은 군중들이여
많은 나라(사람)들이 모여 만들어 세웠나니
아 아! 처용아비를 (만든) 많고 많은 군중들이여

버찌야, 오얏아 푸른 오얏아!
어서 나와 내 신발 끈을 매어라.
즉시 아니 매면 나오리라, 흉한 말이.
「서울 밝은 달 아래 밤 깊도록 노니다가
들어와 자리를 보니 다리가 넷이로다.
아 아! 둘은 아내 것이고 둘은 뉘 것인가」
이런 때에 처용아비 곧 보신다면
「열병신(역신) 따위야 횟감이로다.」
천금을 주랴? 처용아비야,
칠보를 주랴? 처용아비야,
천금도 칠보도 말고 열병신을 내게 잡아다 주소서
산이건 들이건 천리 밖(머나 먼 곳)으로
처용아비를 피해 갈지니(가는 것이)
아 아! 역신의 우두머리 귀신의 바람(소원)이시로다.

처용무에 대한 기록은 여러 곳에 보이는데 특히 익재(益齋) 이제현(李齊賢)이 처용무를 공연하는 춤사위를 묘사한 시가 있다.

貝齒頳顔歌夜月 (패치정안가야월)
鳶肓紫袖舞春風 (연육자수무춘풍)

조개처럼 하얀 이에 붉은 얼굴로 달밤에 노래하면
솔개 날듯 으쓱대는 자줏빛 소매 봄바람에 춤을 추네

이 시는 처용무를 주제로 한 것인데 좀더 구체적으로 설명을 하면, 처음에 한 사람이 검은 베옷에 사모를 쓰고 춤을 추었는데 차차 청(青), 홍(紅), 황(黃),흑(黑), 백(白)의 다섯 가지 색으로 구분된 오방(五方) 처용이 생겼다.

세종이 다시 노래말을 고쳐 봉황음(鳳凰音)이라 하여 묘정의 정악으로 삼았는데 세조 때에 그 제도를 더욱 크게 격상시키고 음악을 합주하게 했다. 진행 방법은 중들이 불공드리는 것을 모방하여 기생들이 영산회상 불보살(靈山會相 佛菩薩)을 제창(齊唱)하고 뜰 밖을 휙 돌아오면 악사들이 악기를 연주하는데, 학춤을 추는 쌍학과 다섯 처용(五處容)의 가면을 쓴 10여명이 모두 따라 나가며 느리게 세 번 재창(再唱)하고 제자리로 와서 점점 소리를 높여 흥을 돋운다.

이어서 큰 북을 두드리고 악사와 기생이 한참 몸을 흔들며 발을 움직이다가 스텝을 멈추면 이 때 연화놀이(蓮花臺戲 : 연화대희)가 이어진다.

향산(香山)과 지당(池塘)이란 가각 다른 이름으로 꾸며진 두 무대(?)를 마련하고 주위에 키를 넘는 높이에 꽃송이를 꽂는다.… 미리 놓아둔 연못 앞으로 동쪽과 서쪽에 큰 연꽃 받침을 놓고 그 속에 작은 기생이 숨는다. 주악에 맞추어 쌍학이 너울너울 춤추며 연꽃 받침을 쪼아대면 숨어 있던 어린 두 기생이 연꽃 받침을 헤집고 밖으로 나와 서로 마주 보기도 하고 돌아서서 등지는 동작을 하며 뛰고 춤을 추는데 이것을 「동동」이라고 한다.

그 때 연꽃 받침을 쪼아대던 쌍학은 물러가고 처용이 입장하는데, 처음 만기(縵機 : 박자가 느리고 처지는 음악)를 연주하면 다섯 처용이 각각 오방(五方)으로 나누어져 춤을 추고 다음에는 촉기(促機 : 박자가 빠르고 급한 음악)를 연주하는데 신방곡(神房曲)에 따라 춤을 추다 끝으로 「북전」이 연주되면 처용이 제자리로 물러나 열지어 선다.… 항상 선달 그믐밤이 되면 창경궁에서는 풍류와 기생을, 창덕궁에서는 가동(歌童 : 노래하는 아이)을 주로 출연시키는데 행사가 끝나는 새벽에 영인(伶人:악기를 연주하는 악공과 광대)과 기녀들에게 베를 하사하므로 악귀를 물리치는 주술적인 처용놀이(處容戲) 행사는 끝난다.

성황반(城皇飯)

이 노래는 우리 나라 재래의 무속 신앙 가운데 대표적인 「성황신(城隍神)」에 대해 제례를 올릴 때 부른 무악(巫樂 : 무당의 노래)으로써 조선 시대까지 전해 온 것으로 알려져 있다.

노래 제목의 「성황(城皇)」은 곧 「성황(城隍)」을 말하는 것으로, 본래 중국의 성지〔城池 : 적군의 접근을 막기 위해 성벽 주위에 파 놓은 해자(垓字)〕를 지켜 준다는 수호신의 이름이다. 그것이 고려조에 들어와서 마을을 지키는 부락 신이나, 소위 산신령이라고 말하는 산신(山神)과 같은 수준으로 정착된 무속 사상의 하나로, 이른바 귀화 무속신앙이라 말할 수 있다.

그 후 흔히 「서낭당」이라는 이름으로 동네를 드나드는 산길 어귀에는 으레 큰 고목나무(당나무)가 서 있고, 그 아래에는 마을을 오가는 사람들이 돌을 던져 오랜 기간 쌓인 돌무더기(당산)가 있게 마련이다.

게다가 정식으로 신에게 고제(告祭) 행사를 하기 위해 당집을 짓고 믿음의 대상신(천신, 산신, 부락신 등)을 모시게 되었다고 볼 수 있다.

서낭당에서 고제하는 의미는 시대의 흐름에 따라 조금씩 변하여 불교적인 사상이 가미되어 왔다는 사실을 이 「성황반」의 가사 내용에서 알 수 있다.

어떻든 이런 노래를 무속 행사에서 부른 것은 악귀를 쫓아 국태민안과 가화만사형통 등의 주술적 효과를 극대화하는 데 목적이 있었을 것이다.

동방(東方)애 지국천왕(持國天王)님하
남방(南方)애 광목천자(廣目天子) 천왕(天王)님하
남무서방(南無西方)애 증장천왕(增長天王)님하
북방산(北方山)의 비사문(毘沙門) 천왕(天王)님하
다리러 다로리 로마하
디렁디리 대리러 로마하
도람다리러 다로링 디러리
다리렁 디러리
내외(內外)예 황사목(黃四目) 천왕(天王)님아

— 작자 미상

〔해 설〕
동쪽에 지국천왕님이시여
남방에 광목천왕님이시여
나무서방에 증장천자 천왕님이시여
북방산에 비사문 천왕님이시여
다리러 도로리 로마하
디렁디리 대리러 로마하
도람다리러 다로링 디러리

다리렁 디러리
안팎에 황사목 천왕이시여

사천왕(四天王)을 들추어 불러다 대며 모든 재앙의 변고를 당하지 않게 해 달라고 신에게 비는 내용인데 전적으로 불교 사상에 의존하고 있는 노래라고 할 수 있다.

불가에 의하면 수미산(須彌山)에는 동서남북 사방에서 불법을 지키는 사천왕이 있다는 것이다. 그 가운데 사방으로 전 국토를 두루 수호함은 물론 주로 동쪽을 지키는 지국천왕, 모든 선행의 근본이 되며 남쪽을 지킨다는 증장천왕, 중생을 진정으로 부처의 품에 귀의하게 하며 서쪽을 지키는 광목천왕, 중생에게 복을 주며 북쪽을 지킨다는 비사문천왕 그리고 섣달 그믐 나례(儺禮) 행사 때 곰 가죽으로 가면을 만들어 쓰고 창과 방패로 겁을 주어 악귀를 내모는 나자(儺者 : 무서운 형체로 귀신을 놀라게 하여 내쫓는 사람)의 역할을 맡은 황사목천왕(黃四目天王) 등에게 비는 노래로써 모든 재난을 막아달라고 기원하는 것이다.

이 노래는 우리 나라 토속의 재래 무속신(산신 · 부락신), 중국의 성지 수호신(성황신), 불교적 신앙사상 등이 서로 혼합되어 영향을 주고받으며 얽혀져 내려오는 동안 서낭신〔당산신(堂山神)〕이란 이름으로 토착화 돼 왔다는 것을 뒷받침해 주고 있다. 이와 같은 혼합적 무속 신앙이 지금까지 유래되어 왔다는 것은 고대인들의 신앙관이 매우 무질서했고 체계도 없는 난맥 상태를 벗어나지 못한 채, 유일신이 아닌 잡신에 의존함으로써 보다 강한 주술적 효과를 꾀하였다는 사실을 밝혀 주는 노래이기도 한 것이다.

조선조에는 방방곡곡 어느 부락에나 무당 · 박수들이 모여와 기도하는 서낭당을 두고 있었다. 고제 행사 외에도 서낭당은 각 고을에서 무당·박수들이 가무를 즐기며 잔치를 한다거나, 주로 남부지방 어민들의 무속 신이라 할 수 있는 별신(別神)굿판을 벌리기도 했다. 그때 박수나 무당이 필요에 따라 간절하게 부르는 신은 모두 서낭신이 되는 것으로 기정 사실화 되었는데 그 원류가 고려 때에 비롯된 것으로 본다.『조선무속고(朝鮮巫俗考)·김열규』

이처럼 무속 신앙에서는 필요에 따라 다양한 명칭의 신에게 각양각색의 인간 문제를 앙고하였기 때문에 거기에는 일정한 유일신의 절대적 존재의식은 희박했을 것이다. 그래서 서낭신(성황신)에게 받쳐지는「성황반(城隍飯)」은 대부분 불가에서 믿음의 대상으로 삼는 신들을 주제로 하여 만든 노래라 할 수 있는데 그 당시로써는 매우 자연스러운 작품 경향이었을 것이다.

대국(大國)

『시용향악보(時用鄕樂譜)』에 3절까지 소개된 이 노래는 제 1절에서 장독(瘴毒 : 고온 다습한 땅에서 올라오는 독기에 의해 발생하는 풍토병의 하나로 대개는 중풍병을 말한다)의 피해를 예방 · 치료하고, 제 2절에서는 천복을 빌며 제 3절에서는 대국과 소국을 굳이 구별하여 각단을 잡지 말고 서로 어울려 화합하며 두루 두루 평안을 누리며 살아보자는 염원을 담고 있다.

一

술도 됴터라 드로라
고기도 됴터라 드로라
엇더다 별대왕(別大王) 들러신대
사백장난(四百瘴難)을 아니져차실가
얄리얄리얄라 얄라셩얄라

二

오부샹셔 비샹셔
슈여천자(天子) 천자대왕(天子大王)
경상(景象)여 보허래허
천자대왕(天子大王) 오시논 나래
사랑대왕(大王)인달 아니오시려
양분(兩分)이 오시논 나래
명(命)엣 복(福)을 져미쇼셔
얄리얄리얄라 얄라셩얄라

三

대국(大國)도 소국(小國)이로다
소국(小國)도 대국(大國)이로다
소반(小盤)의 다마산
홍목단(紅牧丹) 섯디여 노니져
얄리얄리얄라 얄라셩얄라

— 작자 미상

〔해 설〕

一

술도 좋구나 들어라
고기도 좋구나 들어라
어찌하다 별대왕(서낭신의 하나)이 들리셨는데
수많은 중풍병을 걷우어 가지 않으실까
얄리얄리얄라 얄라셩얄라

二

오부상서 아닌 상서는 수여천자(授與天子:왕위를 물려 준 천자)
왕위를 물려 준 천자의 모습(?)이여 들보 허리(같아 믿음직함이)여
천자대왕 오시는 날에
사랑(이 많으신)대왕이라고 아니오시랴
두분(천자대왕과 별대왕)이 오시는 날에
타고난 복을 누리도록 하옵소서
얄리얄리얄라 얄라셩얄라

三

큰 나라도 작은 나라로다
작은 나라도 큰 나라로다
소반에 담으신 홍모란(처럼) 뒤섞여 놀아 보고져
얄리얄리얄라 얄라셩얄라

제물을 진설하고 어렵게 찾아 온 별대왕(서낭신)에게 많은 질고를 거두어 가 달라고 비는 동시에, 왕위를 세습한 훌륭한 천자대왕이 오는데 감히 성황신이 오지 않을 수 없을 것이니, 두 신이 함께 오는 그 날에 천부의 복이 영원하기를 비는 것이다. 소국이 대국에 대해 눈치를 보는 사대주의나 대국이 소국을 경멸하는 우월주의로 말미암아 껄끄럽게 지낼 일이 아니라 두루 두루 관계를 개선하여 동고동락하며 잘 지내 보자는 것인데, 이를테면 인간의 길흉과 행불행을 주장하는 능력의 신(대국)들과 그 능력을 믿고 받드는 약소한 인간(소국)이 좋은 관계를 유지하여 신에 대한 인간의 바람이 잘 상달되기를 기원하는 노래이다.

우리들은 조선조의 명기 소춘풍(笑春風)이 읊은 한 편의 시조를 통

하여 소국과 대국의 관계가 어떠한 것인가를 어느 정도 이해하게 된다.

제(齊)도 대국(大國)이오 초(楚)도 역대국(亦大國)이라
죠고만 등국(滕國)이 간어제초(間於齊楚) 하엿신이
두어라 이 다 죠흔이 사제사초(事齊事楚) 하리라.

제나라도 큰 나라요 초나라도 역시 그에 못지 않게 큰 나라라
약소한 등나라가 제나라와 초나라 양 대국 틈에 놓였으니
그런대로 두어라 이 처지가 다 좋으니 두 나라를 함께 섬기리라.

이 시조의 숨겨진 뜻은 소춘풍이 세도가 막강한 문무관을 차별하지 않고 공평하게 상대하므로써 무력한 일개 기녀가 벼슬아치들의 세계에 균형을 유지하며 살아가겠다는 것인데, 중국 춘추시대의 고사 사제사초(事齊事楚)를 인용하여 지은 노래이다.

약소국인 등(滕)나라는 지정학상 북쪽은 제나라, 서남쪽에는 초나라와 같은 두 강대국 사이에 끼어 있는 진퇴양난의 처지였다.

제나라와 화친하면 초나라가 괴롭히고 그렇다 해서 초나라를 가까이 하면 제나라와 반목이 생기는 등 국교상의 문제로 골치를 앓아야 했다.

때마침 맹자의 방문을 받은 등나라 임금 문공(文公)은 「우리 등나라는 약소국입니다. 제나라와 초나라 중간에 끼어 있으니 제나라를 섬겨야 합니까, 초나라를 섬겨야 합니까?」라고 자문을 구하였다.

그 보다 더 비근한 예로 우리는 병자호란을 빼놓을 수가 없다. 조선이 강대국인 중국 청나라의 힘에 눌려 굴복한 사실은 약소국이 당해야 하는 치욕과 수모가 어떤 것인가를 잘 설명해 주고 있다.

이처럼 강대국과 약소국의 관계는 종속적인 수직논리만 있을 뿐 평등적 수평논리는 존재하지 않는 것인데도 불구하고, 무가(巫歌)로 부르는 「대국」에서는 서낭신이라는 절대적인 존재와 미약하기 짝이 없는 인간이 감히 평등하게 어우러져 친화하자는 것이다.

삼성대왕(三城大王)

이 노래는 장독(瘴毒)에 걸린 환자의 회복을 기원하는 무당이 굿거리를 할 때 부르던 노래라 한다.

장(瘴)가사실가 삼성대왕(三城大王)
일아사실가 삼성대왕
장이라 난(難)이라 쇼셰란대
장난(瘴難)을 져차쇼셔
다롱다리 삼성대왕
다롱다리 삼성대왕
녜라와 괴쇼셔

— 작자 미상

〔해 설〕

중풍을 끊어 버리실건가요 삼성대왕님이시여

일어나 살게 하실건가요 삼성대왕님이시여
중풍이나 재난이란 (삼성대왕으로서는)사소한 것인데
중풍을 거두어(치유해) 주소서
다롱디리 삼성대왕
다롱디리 삼성대왕
(그리고) 옛날보다 더 사랑해 주소서

앞서 본「성황반」은 불교에 뿌리를 두고 있으나 믿음의 대상은 부처가 아닌 토속화된 신에게 고제하는 노래라고 했다. 그런데 개인적인 의견은「성황반」에 비해「삼성대왕」은 우리 재래 무속 신앙에 뿌리를 둔 노래라고 생각된다. 삼성(三城)이란 말의 참뜻은 확실치 않지만 표기된 문자만 가지고 단순히 사전적 의미로 해석한다면, 세 곳의 성(城)을 말하는 것일 테고 그 성의 최고 지배자인 세 왕이 삼성대왕이라고 볼 수 있다. 이미 말했듯이 성곽 주변에 장애 시설로 만든 해자를 다스리는 신을 우리 나라에서는「성황신」이라고 한다. 그러므로「삼성대왕」이란 삼위(三位)의 성황신에게 의뢰하는 노래라고 바꾸어 말할 수 있다.

그렇다면 대왕이 어떻게 성황을 대신하여 사용될 수 있는가에 대한 의문이 생긴다. 그 점은「성황」이나「서낭」의 어원을 찾으려는 과정에서 자연스럽게 발견된다. 성황의 성(城)은 말 그대로 성곽 자체를 의미하며 성황의 황(隍)은 본래 해자를 뜻하지만, 토속화 과정에서 황(皇)으로 변하게 됐고 황(皇)이나 왕(王)을 보다 더 격상시킨 최고의 개념을 천황(대왕)이란 말로 정의하려던 의도로 보인다.

물론 송악산에는「성황」,「대왕」,「국사(國師)」,「고녀(姑女)」,「부녀(府女)」등 다섯 종류의 신위가 있다는 기록으로 보아 성황신과 대왕신은 별개의 신이라고 보아야 하겠으나, 실제로는「성황(城隍 : 해자의 개념)→성황(城皇 : 성곽을 지배하는 황제)의 개념→대왕의 개념」으로 이어져 왔다는 것을 유추할 수 있다.

그리고 송악산 산신에 관하여 『이이 · 석담일기(李珥 · 石潭日記)』『장지연 · 한국기인열전(張志淵 · 韓國奇人列傳)』 등에 다음과 같은 기록이 있다.

명종 20년 정월에 개성부 유생들이 송악산 정사(正祀) 밖에 세워진 사당을 음사(淫祠)로 규정하고 불을 지르려하자, 인성(仁聖)대왕 대비가 중지시켰으나 듣지 않았다. 왕이 금부에 명하여 유생들의 죄를 묻고자 했으나 신하들의 극간과 학관 생도들의 상소로 석방하였다.

처음에는 백성들의 습속이 신도(神道 : 귀신에 대한 존칭)를 좋아하여 송악에 사당을 세우고 대왕사(大王祠)라 이름하였다. 그러나 위로는 궁중의 비빈과 궁녀를 비롯하여 미천한 부녀자에 이르기까지 치성을 드리는 발길이 이어져 많은 폐단을 낳았고 거기에 드는 비용 또한 막대하였다. 게다가 남녀가 한데 어울려 추태를 부린다는 소문이 파다해지자, 김이도(金履道)는 뜻을 같이하는 친구 박성림(朴成林)과 함께 동지를 구하니 임대수(林大秀) 등 분개한 유생 2백여 명이 동조하여 방화하고 신상을 헐어버린 사건이 있었다. 이렇듯 용기있는 행동을 보고 조식(曺植)처럼 양식있는 사람들은 매우 통쾌한 거사라며 후련하게 여겼다는 것이다.

여기서 지적할 문제는 송악산에 세운 사당의 이름을 「대왕(사)」라 했다는 것인데 이 곳에서 「삼성대왕」을 비롯해서 「성황반」, 「대국」, 「대왕반」 등을 무가(굿거리)의 레퍼토리로 하여 함께 불렀을 것으로 생각된다.

4. 충효(忠孝)의 노래

사모곡(思母曲)

호매도 날히어〔언〕신 마라난
낟가티 들리도 어 쁘〔업스니이다〕셔라
아바님도 어이어신 마라난
위 덩더둥셩
어마님가티 괴시리 어쎄〔업세〕라
아소 님하 어마님가티 괴시리 어쎄〔업세〕라

— 작자 미상

〔해 설〕
호미도 날이 있건마는
낫같이 들리도 없으셔라
아버지도 어버이시지만
위 덩더둥셩
어머니같이 사랑해 주실 분은 없으리라

(생각지도)마옵소서 임이시여 어머니보다 사랑이 (많으신)분은 없으시리라

이 노래 말은 『시용향악보』에 실려 있는 「속칭 엇노리 계면조(界面調)」라고 설명이 붙어 있는 가사의 원형이며 〔 〕속은 『악장가사』에 부분적으로 약간 다르게 실린 노래말을 나타낸 것이다.

이 노래는 신라 때 부르기 시작한 「목주가(木州歌)」를 모체로 하여 구전돼 내려 오다가, 조선조에 이르러 문자로 기록되면서 「사모곡(思母曲)」이란 이름으로 정착되었을 것이라 한다.

『고려사 · 악지(高麗史 · 樂志 : 71권 44장)』에 의하면 신라 때 목주〔木州 : 지금의 천안읍 목천리(天安邑 木川里)〕에는 편부를 지극 정성으로 모시는 한 효녀가 있었는데, 친부는 계모의 이간질에 현혹되어 효녀를 내몰았지만 소녀는 부모를 효성으로 모시겠다는 일념으로 쉽게 떠나지 않았는데 부모는 끝내 내치고 말았다.

떠돌아다니다 연산〔燕山 : 천안에서 남쪽으로 백리 정도의 거리에 있는 지금의 연기군(燕岐郡)〕이란 곳에 와서 동굴에 사는 어느 노파를 만나 그 아들과 결혼하여 잘 살게 되었다.

고향의 친정 부모가 매우 궁핍하여 모셔와 극진히 봉양했으나 여전히 효녀를 달갑게 여기지 않고 불만스러워 하므로 답답한 효녀는 마음 아파하며 이 노래를 불렀다. 같은 부모지만 아버지의 사랑은 어머니의 사랑에는 절대 미치지 못해, 마치 호미와 낫의 날을 비교함 같다고 절규한다. 그러나 효녀인 그녀는 부모를 욕되지 않게 하기 위해서는 남에게 이런 슬픔을 함부로 하소연하지 못했다. 다만 마음을 털어 놓을 수 있는 대상이 있다면 믿고 사랑하는 남편(아소 님하) 밖에는 없다. 그래서 더더욱 넋두리하듯 속에 응어리진 한을 조심스럽게 토해내는 효녀의 안타까운 고백은 유사이래, 효도를 만사의 본으로 삼아온 우리

들의 심금을 울린다.

이렇듯 「사모곡(思母曲)」처럼 자식이 제아무리 부모를 효성으로 극진히 모시려 해도 잘 수용되지 않아 괴로워하는 경우는 그리 흔치 않고 대개는 경제적으로 능력이 없거나 배려하는 마음이 부족하여 색난(色難 : 늘 부모의 표정과 얼굴빛을 살펴 뜻을 받들어 봉양하기란 매우 어렵다는 말)을 제대로 못한 자녀들이 마음 아파하는 자책의 작품들이 대부분이다.

조선조 충경공의 후손 남하행(南夏行)은 아버지가 죽던 6월 그 달에 유복자로 태어난 것에 대해 매우 심한 콤프렉스를 가지고 일생을 죄의식 속에서 산 사람이다.

아버지 얼굴도 모르고 출생한 것도 원통하지만 평생을 자칭 불효자라고 자학하면서 사치를 삼가며 친구들과의 놀이에도 일절 어울리지 않고 근신하였다.

독서를 하면서 부모라는 글자가 나오면 흐느끼느라 더 읽지 못하며 부모와 효행에 관계된 문제를 대하면 과민 반응을 일으킬 정도였다.

매년 아버지 기일이 되면 목욕재계하고 제수를 정성으로 차리기를 60년간 한결 같이 하고 부친 사망 후 회갑년이 되는 해에는 자신도 죽기로 결심하였는데 성호(星湖) 이익(李瀷)이 예의 범절에도 없는 일이라며 만류하므로 뜻을 이루지 못했다.

그후 어느 해 생일을 맞아 하루 종일 선친을 생각하며 비탄에 젖어 두문불출 하자 아내가 감히 직접 생일 상을 올리지 못하고 손자를 통하여 주안상을 올리니 거들떠 보지도 않고 물리며 시 한 편을 읊조렸다.

人間不孝唯我獨 (인간불효유아독)
每年今日淚些我 (매년금일루사아)
兒孫不識中心恨 (아손불식중심한)

洗手慇勸惟一巵 (세수은권유일치)

이 세상에 불효자는 오직 나 하나 뿐
매년이면 이맘 때 못난 나는 눈물짓네
손자 놈 한 맺힌 내 마음 알 리 없네
손 씻고 다가와 공손히 한잔 술 권하네.

지나치다 할 정도로 불효임을 확대시킨 것 같은 인상을 주는 작품이기는 하지만 효도를 가르치기 위해서는 아무리 과장되고 아무리 강조해도 절대 부족한 게 후손에 대한 효행 교육이라고 여겼기 때문에 그 당시로써는 오히려 미흡하다고 여겼을지 모를 일이다. 그래서 자식이 어버이를 편안히 봉양한다는 것은 참으로 어렵고 힘든 일이지만 효행을 만행의 덕목으로 삼고 실천함으로써 효손의 가문에 결격 사유가 없도록 하기 위해 최선을 다한 옛 조상들의 마음이 고스란히 전해지는 작품이다.

상저가(相杵歌)

듥긔동 방해나 디히 히애
게우즌 바비나 지서 히해
아바님 어마님 ᄭᅴ 받잡고 히야해
남거시든 내 머고리 히야해 히야해

— 작자 미상

〔해 설〕

덜거덩 방아나 찧으세 히얘
거칠은 밥이나 지어서 히해
아버지 어머니께 (진지를) 올려 드리고 히야해
남기시거든 (그 때서야)내가 먹으리라 히야해 히야해

디딜방아를 찧을 때 주로 아녀자들이 즐겨 부른 노동요이다.
가난한 촌부들의 일상 가운데 힘든 방아를 찧어 밥을 짓는 일은 가장 중요한 가사 노동의 기본이다.

그리고 노부모를 온갖 정성으로 봉양하는 것은 인륜 도덕의 기본 예절로 밥상을 올리는 일에서도 효성스러움을 나타내고 있는 노래다.

유별나게 두드러진데 없이 평범 소박한 말로 가난하지만 사람의 도리를 다하며 참되고 순진하게 살아가는 농촌 사람들의 생활 정서가 물씬 풍긴다.

옛날 시골 부녀자들은 곡식을 절약하기 위해 빠듯하게 밥을 지었다. 그런데 예고 없이 갑자기 손님이 온다든지 밥이 타서 눋기라도 하면 밥그릇 수가 모자라는 경우가 생기는데 그럴 때마다 으레 굶어야 하는 사람은 밥의 양을 적절히 조절하지 못한 책임도 책임이지만 그에 앞서 남존여비라는 서슬 퍼런 법도에 따라 여자가 굶어야 마땅한 것으로 치부 해온 것이다. 그러니 제아무리 거친 밥이라도 부모와 남정네들이 양껏 들고 다행히 남으면 먹고 그렇지 않으면 개 보름 쇠듯 굶는다.

그러나 옛날 부녀자들은 음식으로 부모를 극진히 봉양하기도 했지만, 고운 마음씨로 온 시집식구의 비위를 맞추어 가정의 평화와 함께 지켜온 효행 역시 헌신적이기는 마찬가지다.

시집살이요

시어머니 골난 데는 이 잡아 주고
시아버지 골난 데는 술 받아 주고
시누아씨 골난 데는 콩 볶아 주고
시동생 골난 데는 엿 사주고
우리남편 골난 데는 자주면 되지

— 『영동군지(永同郡誌)』

많은 시집 식구들의 개성을 잘 파악하여 알맞게 처방을 내리는 매우 영리하고 착한 효부상(孝婦像)을 통해 충북 영동지방 사람들의 순박성을 떠올려 주는 생활속요(生活俗謠)로써 교훈적 내용을 포함하여 흥미롭게 구성한 노래라고 말할 수 있다.

신라 시대에 가난한 손순(孫順)은 부부가 품을 팔아 홀어머니를 겨우 봉양하였다. 그들 사이에 어린 아이 하나를 두었는데 늘 충분치 못한 노모의 음식을 빼앗아 먹으므로 손순이 부인에게 이렇게 말하였다.

「자식은 또 낳을 수 있지만 부모는 한번 돌아가시면 다시 얻지 못하오. 음식을 가로채는 손주놈 때문에 어머님이 매우 굶주리고 계시오. 어머니를 배부르게 해드리기 위해 우리 이 녀석을 땅에 묻어버립시다.(兒可得. 母難再求. 而奪其食. 母飢何甚. 且埋此兒. 以圖母腹之盈 : 아가득. 모난재구. 이탈기식. 모기하심. 차매차아. 이도모복지영)」

이 말에 부인도 눈물을 삼키며 어쩌지 못하고 동의할 수밖에 없었다.

아이를 업고 취산 북쪽 변두리로 가서 매장할 구덩이를 파는데 그 속에서 뜻하지 않게 석종(石鐘) 하나가 출토되었다. 기이한 일에 놀란 부부가 석종을 나무 가지에 매달고 두드리자, 소리가 신비할 정도로 은은하고 아름다웠다.

부인은 종소리를 듣자 「이것은 보통 종이 아니라 하늘이 우리 아기에게 주신 복으로 생각되니, 아기를 땅에 묻지 말고 그냥 데리고 산을 내려 갑시다.」라고 말하였다. 손순도 부인의 말이 옳은 것 같아 아이를 업고 집으로 돌아와서 석종을 들보에 걸고 두드리자 그 신기한 소리가 대궐까지 퍼져 나갔다.

홍덕왕이 신묘불측한 소리를 듣고 「서쪽에서 은은히 들리는 이상한 저 종소리는 맑고 깨끗하기 이를데 없으니 조속히 알아 보라.」고 했다.

분부대로 궁중의 사자가 현장을 조사하고 돌아와 상세히 보고하니 왕은 「이는 중국 한(漢)나라 때 손순과 똑 같은 사정으로써 황금 솥을 얻은 곽거(郭巨)와 더불어 두 사람의 효행은 하늘이 내린 귀감이라.」며 집 한 채를 하사하고 매년 벼 50석을 주어 효행을 크게 치하했다.

옛날에는 장유유서의 시대로 어떤 직분의 주무자라고 해서 자기 단독 권한으로 일을 처리하지 않았다. 어른들의 입장을 우선적으로 배려하고 어른을 중심으로 만사를 처리하는 사회적 법도가 평민들의 가정사에도 엄격히 적용되었다.

극심한 가난 속에서도 밥을 짓고 곡식을 다루는 부녀자가 식생활의 주무자이지만 부모와 온 식구를 먼저 먹여 놓고 남은 음식을 먹어야 했는데 그나마도 정식으로 밥상에 받쳐서 다른 식구들처럼 안방에 편히 앉아 함께 먹지도 못하고 부엌 바닥에서 적당히 먹고 치워야했다.

진성여왕 시대에 효종랑이 무리를 끌고 포석정으로 놀이를 갔을 때 두 낭도가 중간에서 어느 모녀가 부둥켜 안고 슬피 우는 것을 구경하다 늦게 도착하였다.

분황사 근처 어느 마을에 20세 안팎의 가난한 처녀가 이제까지 걸식으로 눈먼 홀어머니를 봉양해 왔는데, 올해는 흉년이 들어 걸식으로 도저히 연명이 어려워 남의 집 품을 팔아 곡식 30석을 마련하고 그것을 부잣집에 맡겨둔 채 그 집 일을 해 주었다. 저녁이 되면 집으로 돌아오는 길에 쌀을 가지고 와서 이밥을 지어 어머니를 봉양한지 여러 날 지났을 때였다.

어느 날 어머니는 지금까지 오랜 세월 먹어온 거친 음식은 마음을 편안하게 해 주었는데, 요즘 기름지고 부드러운 쌀밥은 오히려 속을 찌르고 마음도 편치 않으니 어찌된 일이냐고 물었다. 딸이 근자의 일을 사실대로 말하자 어머니는 고생하는 딸이 불쌍하여 대성통곡하니 딸도 단순히 어머니의 입을 즐겁게 하고 배를 부르게 해드릴 줄만 알았지 그 보다 더 중요한 색난을 제대로 못한 불효녀라며 함께 우는 것을 구경하다 포석정 도착이 늦어졌다는 것이다.

그 말을 다 듣고난 효종랑 무리들은 물질로 효녀를 도왔고 진성여왕은 집 한 채와 곡식 5백석을 하사하고 정려문을 세워 그 마을을 효성리라고 부르게 했다.

지성이면 감천이라고 자고로 효성이 지극하면 하늘도 감탄하여 상식으로는 도저히 이해하기 어려운 기적 같은 도움을 받게 된다고 하여, 효도를 백행의 근본으로 삼아 온 선조들의 깊은 뜻이 많은 설화나 문학 작품을 통해 전해지고 있다.

정과정곡(鄭瓜亭曲)

『악학궤범(제5권:시용향악)』에 실려 있는「鶴蓮花臺處容舞合設(학연화대처용무합설)」은 처용무가 학춤과 연꽃무대 놀이를 혼합으로 함께 공연하는 내용과 방법을 설명하고 그림으로 보여 주고 있다는 것을 앞서「처용가」에서 설명하였다.

궁중에서 매년 12월 그믐날 밤 새벽 3~5시경에 구나를 치룰 때 이 연화무대 위에 올려지는 노래로는「처용가」를 비롯하여「봉황음(鳳凰吟)」,「정과정(鄭瓜亭)」,「북전(北殿)」,「관음찬(觀音讚)」,「동동」 등이 주된 곡목이였다. 여기에서 삼진작(三眞勺)이라 하는 것은「정과정」을 노래 부를 때 연주되는 악곡의 이름을 말한다.

이 노래의 작자는 고려 인종(仁宗) 때 내시랑중(內侍郎中 : 고려·조선조 때 궁중의 내시부 관직의 하나로 정 5품의 벼슬)으로 있던 정서(鄭敍)의 작품이다. 인종이 물러나고 의종(毅宗)이 즉위하는 과정에서 쟁변에 얽혀 벼슬을 버리고 낙향하여 고향인 동래에 머물면서 재등용을 기다리며 지은 것으로 가사의 대부분을 한글로 썼을 뿐 아니라 작자와 연대가 분명한 단 한편의 가요로 유명하다. 신라시대의 십구체 향가와 형식이 흡사하여 「도이장가(悼二將歌)」와 함께 향가의 잔재가 남아 있는 소멸기의 작품으로 간주되고 있다.

정서의 호는 과정(瓜亭)으로 이 노래를 지을 당시는 중래된 뒤라고 하는데, 그에 앞서 상경하라는 소식은 점점 요원해지고 있는데다 자신의 낙향은 진상과 달리 여론에 밀려난 억울한 처사였음에 대한 울분과 총애 받던 인종을 그리며 애태우는 마음이 복합적으로 갈등하던 낙향 당시를 회상하며 지은 것으로 보인다.

전강(前腔) 내님믈 그리사와 우니다니
중강(中腔) 산(山)졉동새 난 이슷하요이다
후강(後腔) 아니시며 거츠르신 달 아으
부엽(附葉) 잔월효성(殘月曉星)이 아라시리이다
대엽(大葉) 넉시라도 님은 한데 녀져라 아으
부엽(附葉) 벼기더시니 뉘러시니잇가
이엽(二葉) 과(過)도 허물도 천만(千萬)업소이다
삼엽(三葉) 말 힛마리신뎌
사엽(四葉) 살읏븐뎌 아으
부엽(附葉) 니미 나를 하마 니자시니잇가
오엽(五葉) 아소 님하 도람 드르샤 괴오쇼셔

— 정 서

〔해 설〕
내가 뫼시던 임금님 그리워 울며 지내오니
산(속)에 (묻혀 사는) 두견새와 나는 비슷 하옵니다.
아니 (그것은)거짓된 모함인 것을 아아!

지는달 뜨는 별(까지)도 아실 것입니다.
넋이라도 임과 한 곳에서 살고싶습니다. 아아!
(우리가 그렇게 되도록 죽기까지야 하겠느냐고) 우기던 사람이 누구였습니까?
잘못도 허물도 절대로 없습니다.
오로지 (간신배들의) 독설에 무고를 당한 것이니
슬픔(비극)입니다. 아아!
임은 저를 벌써 잊으셨나이까?
아아! 임이시여 다시금 (바른 말을) 들어보시고 사랑하심을 회복시켜 주옵소서

지은이 정서는 인종비 공예(恭睿)태후의 여동생 남편으로 의종 5년에 폐신(嬖臣) 정함, 김존중의 참소로 장류형을 받고 귀양하였다. 그때, 곧 불러 올려 관직을 회복시켜 주겠다던 왕의 약속을 고대하며 갈등하던, 의종 10년 전후 쯤을 배경으로한 노래로 보고 있다. 그러나 정서를 끝내 불러 올리지 못한 채 의종은 정중부(鄭仲夫)의 난으로 퇴위되고 동생 익양공(翼陽公)이 명종(明宗)으로 옹위 되자, 드디어 유형 생활 20년만에 소명을 받게 된 것이다.

지은이는 정객들의 싸움판에서 무고하게 휘말려 벼슬을 떠나 동래에서 우거하며 진실이 하루 속히 밝혀져 소환되기를 고대하지만 끝내 종무소식으로 애를 태운다.

임군에 대한 충절은 변함 없는데 모함을 변호해 줄 의로운 동료 중신들은 없고 다만 정직한 자연(잔월효성)만이 진실을 알아 줄 것으로 믿고 있다.

이제는 죽어서 넋이나마 임금을 모실 수밖에 없으니 혹 나를 아직도 잊지 않고 계신다면 옛날과 같이 다시 사랑해 줄 것을 호소하고 있다.

고전 문학 작품에는 왕에 대한 충절을 다하지 못하고 누명을 쓴 채 부당하게 탄핵을 받은 충신들의 비길 데 없는 슬픔과 억울한 마음을 흔히 두견새에 비유하여 극대화시키고 있는데 이 노래 역시 그런 부류의 작품이다.

유구곡(維鳩曲)

신하들로부터 충간이 없어 임금의 마음은 안타깝기만 하다는 예종(睿宗)의 작품「벌곡조가(伐谷鳥歌)」의 또 다른 이름의 노래로 간주하고 있으나 확실치는 않다.

비두로기 새난
비두로기 새난
우루믈 우루대
버곡댱이사
난 됴해
버곡댱이샤
난 됴

— 예 종

〔해 설〕
비둘기 새는

비둘기 새는
울음을 울되(분명치 않으니)
(또박또박 확실히 우는) 뻐꾸기야말로
내가 좋아한다네
뻐꾸기야 말로
내가 좋아한다네

앞서 「정과정곡」에서는 간신배의 참소로 무고한 충신 정서가 귀양길로 내몰리는 비극을 가져 왔다. 그러나 왕의 주변에는 불의를 보면 소신을 가지고 적극적으로 사간(死諫)할 줄 아는 용감한 충신이 필요한데 비겁하게 눈치나 살피고 기회나 엿보며 안일무사를 꾀하는 신하들뿐이라며 답답한 마음을 토로한 노래이다.

인간은 누구나 비판의 대상이 되기를 싫어한다. 개인이 올바른 비판을 수용하지 못하면 개인 하나만 망하지만 나라를 다스리는 왕이나 권력자일 경우에는 국가를 멸망시킨다.

언론의 자유를 보장하고 언로를 활짝 열어 원활한 하위상달로 바른 정치를 하겠다는 왕의 의지가 담긴 노래이다. 왕이 신하들의 간언을 회피하고 귀를 즐겁게 하는 참소에 현혹되어 정당한 언로를 폐쇄하는 것은 국운을 기울게 하는 위험의 시작이다. 이 노래가 확실히 예종의 작품이라면 그는 매우 훌륭한 성군임에 틀림이 없다. 요즘 같은 전자시대로 말하면 성능 좋은 A/V 모니터를 활용하여 정선된 정보에 귀기울여 민주정치에 반영할 줄 아는 인물이라고 볼 수 있기 때문이다.

김신윤(金莘尹)은 언로가 막혔을 때의 답답함을 한 편의 시로 읊기까지 했다.

大百圍材無用用 (대백위재무용용)

長三尺喙不言言 (장삼척훼불언언)

수백 아름의 큰 재목도
쓰여질 곳에 제대로 씌여지지 않고
길고 긴 부리를 가졌건만
할말을 다할 수 없다네.

중국의 『사기(史記)』에는 신하들의 진언이나 충간에 대하여 많은 사례를 들어 그 중요성을 거론하였다.

강태공과 함께 주(周)나라의 문왕과 그의 조카 성왕을 도와 국위를 높이고 체제를 확립시킨 주공단(周公旦)은 훌륭한 참모인 동시에 보좌관이며 스승으로서 완벽했던 인물이다. 형 문왕이 죽고 조카 성왕이 즉위했지만 나이가 어린고로 숙부인 주공단의 섭정이 불가피했다. 성왕이 다 자라 친정을 하게 되자, 간신들의 참소를 들은 왕은 하늘을 우러러 한 점의 부끄러움도 없는 숙부 주공단을 의심하게 되었고 무고한 그는 마침내 초(楚)나라로 망명하였다.

얼마 후 성왕은 서고에서 자신의 어린 임금시절에 병으로 누웠을 때 쾌유를 간곡히 빌기 위해 썼던 기도문을 우연히 발견하였다.

다름 아닌 진실한 스승이며 삼촌이 쓴 기도문의 내용인즉「왕은 아직 어려서 아무 것도 모릅니다. 만일 하늘의 뜻에 순종치 않아 생긴 병이라면 모든 책임은 그를 도와 정치적 책임을 지고 섭정한 저에게 있사오니 저에게 벌을 내리시옵소서.」라고 써 있었다. 성왕은 이에 감탄하여 주공단을 다시 불러 왔다.

이렇듯 참소는 왕으로 하여금 판단을 흐리게 하고 중대한 실책으로 아까운 충신을 죽이고 나라를 패망시킨 역사는 얼마든지 있지 않는가.

홍만종(洪萬宗)은 중상모략하는 폐신들의 참소를 경계하라는「청참

시(聽讒詩)」를 소개하며 참소의 피해는 아부를 좋아하는 자와 그 말을 듣고 진위를 가릴 능력이나 분별력을 갖지 못하여 야기되는 슬픈 사건이라 했다.

讒說愼莫聽 聽之禍殃結 (참설신모청 청지화영결)
君聽臣當誅 父聽子當訣 (군청신당주 부청자당결)
夫妻聽之離 兄弟聽之別 (부처청지리 형제청지별)
朋友聽之疎 骨肉聽之絶 (붕우청지소 골육청지절)
堂堂八尺軀 莫聽三寸舌 (당당팔척구 막청삼촌설)
舌上龍泉劒 殺人不見血 (설상용천검 살인불견혈)

참소로 하는 말 신중히 들어라 곧이 들으면 재앙이 오리라
임금이 들으면 충신을 죽이고 아버지가 들으면 자식을 잃네
부부간에 들으면 이별을 하고 형제간에 들으면 의절을 하네
친구간에 들으면 믿음이 깨지고 집안끼리 들으면 의리가 끊기니
여덟 자나 되는 우람한 체구도 석자 짜리 혀를 믿지 말라
혀 위에 퍼런 칼날은 사람을 죽이되 피 한 점도 안 비치네

참소가 얼마나 무서운 결과를 가져오는가를 잘 알려 주는 섬뜩한 시가 아닐 수 없다. 좋은 말만 하다 죽어도 인생이 짧고 시간이 모자랄텐데 다른 사람도 자기가 저주하는 사람을 함께 미워해 주기를 바라는 악인의 술책이 바로 참소로 나타난다.

이런 참소를 할 바에야 그냥 입다물고 국록이나 축내는 신하가 오히려 충신일지도 모른다. 그러나 참되고 현명한 신하의 직언이나 충간은 국운을 일으켜 세울 수 있는 무서운 위력을 가지고 있다.

옛날 중국의 춘추 · 전국시대에 상앙(공손앙)이란 인물은 진(秦)나

라 재상으로서 효공(孝公)이 정치를 잘하여 강대국이 되는데 결정적인 역할을 다한 공신이라 하여 섬서성의 15개 읍을 맡게 되었다. 그는 조양(趙良)이 현명한 사람이란 것을 알고 사귀기를 간청했으나 조양 자신은 소문만큼 별로 뛰어난 데가 없는 평범한 사람이라며 겸허히 거절하였다.

상앙이 그 이유를 묻자 옛날 순 임금은 겸손만이 자기를 높일 수 있다고 했는데 그 말을 실천하면 되는 것이지 자신에게는 특별히 들려줄 말이 없다고 했다.

그러자 상앙은 재차 자기는 진나라를 부강한 나라로 만들었는데 그 점에 대해 어떻게 생각하느냐고 물었다.

이 질문에 조양이 오히려「천 마리 양가죽도 한 마리 여우의 겨드랑이 가죽의 가치에 못 미치고 천 사람의 절대 추종도 한 사람의 직언에 못 미치는데 내가 직언 한 마디 해도 괜찮겠습니까?」라고 되물었다.

상앙이 흔쾌히 허락하자 조양의 직언(직간)이 시작되었다.

「상앙의 정치가 지나치게 가혹하여 많은 백성들의 원성이 대단하오니 이제는 더 이상 장기 집권을 끝내고 금명간 은퇴하여 화를 면하십시오.」라고 권유하였다.

그러나 듣지 않고 그 자리에 눌러 앉아 세도를 누리던 상앙은 자기를 총애하던 효공이 죽고 뒤를 이어 즉위한 혜왕(惠王)을 보필하게 되었다. 혜왕은 오래 전부터 상앙을 몹시 미워해 오던 차에 왕위에 오르자, 사지를 말에 매달아 찢어 죽이는 참형을 집행하였다. 이 것은 참되고 올바른 직언을 제대로 받아들일 줄 모르는 미련한 권력자의 자살행위에 해당된다.

그러나「유구곡」에서는 앞서 이야기한 강태공(태공망)과 주공단, 그리고 조양 같은 현신의 도움이 없음을 슬퍼하는 고독한 임금의 노래이다.

도이장가(悼二將歌)

이 노래는 「유구곡」과 함께 예종의 작품으로 보는데 있어서 큰 무리가 없다고 말할 수 있는 것은, 우선 시풍이나 심상이 완곡하면서도 주변 사람들의 미진한 부분을 계도하고 타이르기 위한 의도가 두드러진 작품 경향 때문이다. 게다가 목적이 뚜렷하게 노출되지 않은 채, 여유 있고 완만한 은유법을 구사한 솜씨는 두 작품의 공통적 특징이라 말할 수 있으며 앞서 밝힌 대로 이두문으로 표기한 향가체 형식의 고려 가요이다.

〔이두 원형문〕
主乙完乎白乎 (주을완호백호)
心聞際天乙及昆 (심문제천을급곤)
魂是去賜矣中 (혼시거사의중)
三烏賜教職麻又欲 (삼오사교직마우욕)
望彌阿里剌 (망미아리자)

及彼可二功臣良 (급피가이공신량)
久乃直隱 (구내직은)
跡烏隱現乎賜丁 (적오은현호사정)

— 예 종

〔한역 원형문〕
니믈 오알오살븐
마사만 갓하날 밋곤
넉시 가샤대
사마샨 벼슬마 ᄯᅩ 하져
바라며 아리라
그 ᄢᅴ 두 공신여
오라나 고단
자최난 나토샨뎌

〔해 설〕
임을 온전케 한
그 마음은 할 일 끝까지 마치고
넋은 가셨으나
삼으신 벼슬만큼은 더 하는구려
두고 보면 알리라
그 적(때)에 공신이여
오래는 되었지만
굳센 공적은 지금도 나타나(살아)있구나.

고려조에 서경(개성)에서 공연된 팔관회(八關會)를 참관했을 때 고려의 개국 공신 김 낙(金樂)과 신숭겸(申崇謙) 장군을 기리는 가면극에 감동한 예종이 지은 노래이다.

이 노래의 내용은 두 공신의 충성심을 추모하기 위한 단순한 찬가로 보기도 하지만 보다 더 깊은 속뜻은 두 장군을 내세워 현재 자기의 신하들이 그 영향을 본받아 불타는 충의로 무장되어 주기를 바라는 노래로 보인다.

예종은 정치적인 치적보다 예악에 관심이 많아 송나라에서 음악을 들여오는 등 예술적 감각이 뛰어나 시가 방면에 조예가 깊은 임금으로 전해지고 있다.

청산별곡(靑山別曲)

「만전춘」과 함께 「악장가사」에 수록된 노래라는 것 외에 다른 곳에는 전혀 언급된 바 없어 고려 가요로 확정짓기 어렵다. 그럼에도 가사 내용과 형태가 조선 시대의 작품과 여러 면에서 차별될 뿐 아니라 「서경별곡」 같은 별곡체로 시적 분위기나 용어가 유사한 것으로 보아 「한림별곡」 등과 함께 애창된 고려시대의 속요로 보아야 한다는 것이 일반적 견해다.

이 「청산별곡」은 은둔자의 갈등을 술로 달래며 비탄스러움을 삭이고 안주(安住)하려는 삶의 문제를 다룬 노래로 남녀의 애정 문제를 주제로 한 「서경별곡」과 함께 고려 가사 가운데 매우 높은 수준의 작품으로 간주하고 있다.

고려조에 일반 백성들의 정서는 신분상의 부당한 대우와 억압된 생활고에서 탈출하려는 노력 없이 체념의 슬픔과 자조적인 웃음거리와 낙천성(명랑성), 그리고 퇴폐한 남녀들의 음행과 정사를 통해 쾌락을 취하려는 경향이 「청산별곡」과 「서경별곡」 속에 잘 반영되어 있어서 그 우수성을 인정하고 있다.

가요의 밑바탕에 흐르는 분위기와 정조(情調)는 체념의 슬픔 → 은둔 생활의 갈등 → 속세에 대한 애증과 미련 → 다시 한 번 은둔의 처소를 바다로 바꿔 보고 싶은 또 다른 충동 → 들판을 지나 현재의 도피처인 산으로 가는 도중에서 장대(높은 언덕?)에 앉은 사슴의 깡깡이(조롱하는)소리를 듣지만 개의치 않고 → 산이건 바다건 아무 곳에서나 돗수 높은 강한 술에 끌려 살기는 어디나 마찬가지라는 노래이다.

살어리 살어리 랏다
청산(靑山)에 살어리 랏다
멀위랑 다래랑 먹고
청산(靑山)에 살어리 랏다
얄리 얄리 얄랑셩 얄라리 얄라

우러라 우러라 새여
자고니러 우러라 새여
널라와 시름한 나도
자고니러 우니노라
얄리 얄리 얄랑셩 얄라리 얄라

가던새 가던새 본다
믈아래 가던새 본다
잉무든 장글란 가지고
믈아래 가던새 본다
얄리 얄리 얄랑셩 얄라리 얄라

이리공 뎌리공 하야
나즈란 디내와 숀뎌
오리도 가리도 업슨
바므란 ᄯᅩ 엇 호리라
얄리 얄리 얄랑셩 얄라리 얄라

어듸라 더디던 돌코
누리라 마치던 돌코
믜리도 괴리도 업시
마자셔 우니 노라
얄리 얄리 얄랑셩 얄라리 얄라

살어리 살어리 랏다
바라래 살어리 랏다
나마자기 구조개랑 먹고
바라래 살어리 랏다
얄리 얄리 얄랑셩 얄라리 얄라

가다가 가다가 드로라
에정지 가다가 드로라
사사미 짒대예 올아셔
해금(奚琴)을 혀거를 드로라
얄리 얄리 얄랑셩 얄라리 얄라

가다니 배부른 도긔
설진 강수를 비조라

조롱곳 누로기 매와
잡사와니 내엇디 하리잇고
얄리 얄리 얄랑셩 얄라리 얄라

— 작자 미상

〔해 설〕
살으리 살으리라
청산에 살으리라
머루랑 다래랑 먹고
청산에 살으리라.

울려면 울어라 새야
자고 일어나 울어라 새야
너보다 시름 많은 나도
자고 일어만 나면 우노라.

날아가던 새 날아가던 새를 본다
물아래 날아가던 새(의 그림자)를 본다.
이끼 묻은 쟁기랑 가지고(물 건너가다)
물아래 날아가던 새를 본다.

이럭저럭하다가
하루 해를(외롭지만 그런 대로)넘겼구나
올 사람도 갈 사람도 없어
(기대 조차할 수 없는 쓸쓸한)밤을 어쩌면 좋으리오.

어디다 던지(려)던 돌인가
누구를 맞히(려)던 돌인가
(나는)미워할 사람도 사랑할 사람도 없이
(애꿎게)맞고서 울며 헤매노라.

살으리 살으리라
바다에 살으리라.
나문재(해초)나 굴 조개를 먹고
바다에 살으리라.

가다가 가다가 듣노라
빙돌아 (넓은)들녘을 가다 듣노라
사슴이 높은 장대에 올라
해금 타는 소리를 듣노라

(들을 지나 집으로)가더니 배부른 독에
진한 농주를 빚는구나
조롱박이(술독 안에 잠겨만 있으면) 술 찌꺼기의 술독〔주독:酒毒〕에
겹다며
붙잡고 (술을 떠내기 위해 밖으로 나가도록 해달라고)애걸하니 어쩌
면 좋으리오.

속세에서 엇갈리던 영욕의 아픔이나 미련은 다 체념하고 미련 없이 떠나와 푸른 산 아름다운 경치를 벗삼고 산에서 나는 열매를 먹으며 자연에 묻혀 새 삶을 살겠다는 강한 의지를 가지고 출발한다. 그런데 속세의 과거사를 아직도 완전히 단념치 못하고 때때로 날아가는 새를 부

추겨 함께 울고 싶을 정도로 응어리가 덜 풀린 것이다. 그런 때는 날아가는 모습이 물 속에 비친 새와 동류 의식을 느끼며 자유롭게 훨훨 날아 떠돌아다니고 싶을 뿐 논밭갈이 따위에는 별 뜻이 없다. 그래서 어쩌다 녹이 쓴 쟁기로 논밭을 가는 산촌 생활이지만 적응이 덜 되어 아직은 엉거주춤한 자아상을 물 속에 잠긴 그림자를 통해 보는 것이다.

찾아오는 사람 없이 하루해를 혼자서 외롭게 보낸다는 것은 지루하고 외롭기가 일일여삼추(一日如三秋) 같아 여간 괴로운 것이 아닌데 더 더욱 오고 갈 사람의 발길을 막는 어두운 밤은 또 어찌 지새워야 옳은가.

고려 의종 때 간교한 환관 정성(鄭誠)의 농간을 극간하다가 벼슬이 삭탈되자 현실에 회의를 느끼고 고향으로 돌아가 살며 지은 신숙(申淑)의 「기관귀향(棄觀歸鄕 : 벼슬을 떠나 고향으로 돌아가리)」은 마음을 비우고 깨끗하게 사는 산촌 생활을 그린 한 폭의 화첩과 같은 시가인 것이다.

耕田消白日 (경전소백일)
採藥過青春 (채약과청춘)
有山有水處 (유산유수처)
無榮無辱身 (무영무욕신)

밭갈이로 해를 넘기고
약초 캐다 청춘이 늙네
산 좋고 물 좋은 내 고향에
영화도 치욕도 없는 몸이랍니다.

농번기가 지나고 7월 보름 백종일(百種日)을 전후하여 호미 씻어 헛간에 걸면 어느 틈에 찾아온 초가을은 잠시 동안이고 낙엽져 스산한

늦가을로 이어져 백이정(白頤正 : 익재 이제현의 스승)의 시 「연거(燕居 : 엎드려 살리)」에서와 같은 칩거가 시작되고 또 그렇게 몇 년을 참고 살다 보면 그런 대로 견딜만 해 지게 마련이다.

矮屋蕭條十肘餘 (왜옥소조십주여)
焚香靜讀聖人書 (분향정독성인서)
自從人爵生天爵 (자종인작생천작)
情慾秋林日漸疎 (정욕추림일점소)

오막살이 쓸쓸한 좁은 방에
향 피우고 조용히 책을 읽으니
하늘이 주는 부귀영화 헛되이 쫓는 인생,
낙엽 지는 숲 속에 외로운 낙조라네.

벼슬을 버리고 떠나올 때 이미 속세에 대한 미련의 찌꺼기를 다 떨쳐 버리고 자연의 순리대로 살려는 각오를 읊은 노래이다. 그러나 「청산별곡」은 아직도 마음의 평안을 찾지 못해 갈등하는 작자의 심기가 제 5연에서 강하게 표출되고 있다.

어디에 있는 누구를 향해 던지려는 돌인지 잘 모르지만 어떻든 속세의 이해 관계를 멀리했던 사람이 공연히 돌맹이의 피해(어떤 종류의 화)를 입고 슬피 운다는 것인데 속세의 질투, 애증, 갈등, 모함으로 작자를 포함하여 죄 없는 백성들의 불평 부당한 삶에 비유된 노래라는 해석도 있다. 그러나 그 생각은 잠시일 뿐 도피나 은둔 장소로써 반드시 산이 아닌 해변도 좋은데 그 곳에서는 아귀다툼을 하거나 크게 힘들이지 않고 얻을 수 있는 해초나 조개류를 먹고살 수 있기 때문이다.

조선 때 옥강(玉岡) 정일흥(鄭日興)은 독서를 즐기고 시문에 뛰어난 인물인데 이웃을 사랑하고 남과 더불어 동고동락하며 공명정대하고 호협한 인물인데다가 밖에 나서면 따르는 사람이 주변으로 운집해 오는 것을 낙으로 삼은 인물이었다.

그의 시에서도 은둔지를 선정함에 있어서 지나치게 편협하거나 편향됨 없이 폭 넓은 개방적 사고와 융통성을 보이고 있다.

山人恒語野 (산인항어야)
野人恒語山 (야인항어산)
山野何須語 (산야하수어)
安心只此間 (안심지차간)

산에 사는 사람은 늘 들이기를 바라고
들에 사는 사람은 늘 산이기를 바라네
산이 어떻고 들이 어떻다고 말하지 마라
그 어디나 정 들여서 편히 살기 나름이다.

「청산별곡」에서는 뒤늦게나마 인간들의 각축장 같은 속세만 아니라면 산촌도 좋고 바다도 상관 없다는 열린 마음과 전향된 생각을 하면서 산촌에 있는 작자의 은신처로 돌아간다. 그럼에도 아직은 지름길로 떳떳이 지나가기 보다 삼가 멀리 들녘의 변두리 길을 돌아 지나가는데, 마치 높은 언덕 위에서 사슴 한 마리가 깡깡이를 타는 것처럼, 말도 안 되는 조소가 들려오는 듯하여 무척 당혹스러워 하고 있다.

그러나 남들이야 무엇이라 하든 개의치 않고 은둔처로 돌아와 큰 독에 강술을 빚어 두고 홍건히 취해 살 수밖에 없는 그야말로 작자의 의지대로 따라 주지 않는 세태를 유감스러워 하고 있다.

고려말 야은(冶隱) 길재(吉再)는 창왕 때 노모를 모시기 위해 벼슬을 사임하고 고향으로 돌아와 살았다. 조선 건국 후 세조 이방원에 의해 태상박사(太常博士)의 벼슬을 제수 받았으나 충신불사이군(忠臣不事二君)이라며 단호히 고사하고 향리에서 초옥에 살며 후진 양성에 힘썼다. 그러니 속세에 미련이 있을 수 없고 명리를 탐욕하여 추하게 늙을 필요가 있겠는가. 그의 시 「한거(閒居)」를 대하면 마치 길재의 깨끗하고 아름다운 말년 생활과 학자로서의 온화한 기풍이 넘쳐흐르는 것 같아 평화로운 마을 분위기와 썩 잘 조화를 이루고 있다.

臨溪茅屋獨閒居 (임계모옥독한거)
月白風淸興有餘 (월백풍청흥유여)
外客不來山鳥語 (외객불래산조어)
移床竹塢臥看書 (이상죽오와간서)

물가 띳집에 외롭고 한가로운 삶,
달빛 밝고 바람이 시원해 기쁨은 넘치고
찾는 친구 없어도 산새와 말벗하며
대밭으로 평상 옮겨 책 읽고 누웠노라.

고려조의 문인 이인로(李仁老)는 한때 승려 생활을 한 적이 있는데 시제(詩題)로 미루어 보아 그 당시에 지은 듯한 「산거(山居)」는 속세의 어지러움을 떠나 산 속에 묻힌 은둔자가 깊고 그윽한 자연에 도취되어 고요 적적한 삶에 대한 만족감을 조용하게 그려내고 있다.

春去花猶在 (춘거화유재)
天晴谷自陰 (청천곡자음)
杜鵑啼白晝 (두견제백주)

始覺卜居深(시각복거심)

봄은 갔음에도 꽃은 오히려 피어나 있고
하늘은 맑는데 골짜기는 그늘을 어둡게 드리워
두견새는 한낮인데도 우나니
비로소 행복한 삶이 산골 깊은 곳에 있음을 알겠구나.

산이 깊을 수록 꽃은 계절 보다 늦게 피고 일찍 진다. 또 하늘이 맑으면 맑을 수록 골짜기는 상대적으로 산그늘이 짙어 어두운 느낌을 준다. 그래서 주로 밤에 우는 두견새가 대낮인데도 밤으로 착각하여 울 정도로 그늘 짙은 산골이다 보니 그것은 곧 말할 수 없는 오지에 살고 있음을 의미한다. 지은이는 가능한 한 속세를 멀리 떠나 살수록 행복한 삶을 살게 될 것이라는 전제 하에 점을 치다시피 해서 찾아온 곳이 지금의 은둔처인데, 그 진가를 두견새의 착각이라고 하는 자연 현상에서 뒤늦게 발견하고 드디어 현재의 삶에 대해 자족하고 있다.

「청산별곡」은 은둔 생활에 만족하기 보다 심한 갈등과 저항으로 심적 방황을 억누르느라 괴로워하다가 마지못해 정착할 수밖에 없다는 체념의 삶을 노래한 반면, 이인로의 「산거」는 자신이 심사숙고하여 고르고 골라잡은 심산오지라는 지리적 조건이 전혀 기대(산골이 깊으면 깊을수록 좋은 곳이라는 생각)에 어긋나지 않았다는 사실이 확인되는 순간의 기쁨과 행복을 노래하고 있다.

5. 아름다운 자연경관(自然景觀)

죽계별곡(竹溪別曲)

안축(安軸)이 지은「죽계별곡」은 고려 중기부터 학자들이 한문체 장가(長歌)를 지을 때 취한 가사형식의 하나인 경기체가(景幾體歌)이다.

시를 읊고 난 각 연의 끝 부분에 시를 감상하는 사람들의 동의를 구하고 함께 취해 보자고 부추기기 위해 그 경치(또는 앞서 읊은 시의 내용)가 과연 그럴사하지 않느냐고 채근하여 물어보는 뜻의 후렴구를「위~ 의 그 경치 (과연)어떻소이까? : 위~ 경, 기하여(爲~ 景, 幾何如?)」라는 말로 끝을 맺는다 해서 경기체가(景幾體歌)라고 하는데 죽계별곡(竹溪別曲)과 관동별곡(關東別曲), 한림별곡(翰林別曲), 상대별곡(霜臺別曲)등이 그런 형식에 속하는 작품이다.

그런데 이 노래의 후렴구에 대한 개인적인 소견은 우리 국악에서 판소리 중간 중간에 청중이나 고수(鼓手)가「얼쑤!」「얼씨구!」「으이!」또는「좋고!」등의 추임새로 흥을 돋우는데 그와 같이 후렴구의「위~」이하의 가사는 이「경기체가」를 부르는 소리꾼 외의 제 3의 인물들이 부르는 메김 소리(뒷소리)의 성격에 해당되는 것으로 본다.

「강강수월래」「쾌지나칭칭나네」「풍년가」「뱃노래」「밀양아리랑」과 같은 우리 옛 가락의 노래말은 후렴구에서 독창을 하는 소리꾼을 도와 제 3의 군중들이 함께 참여하여 흥겹게 노래 부르는 부분의 성격과 같은 맥락이기 때문이다. 그래서 이 노래의 「위(爲)~」는 아직까지 살아있는 추임새 「으이~」를 차음(借音)또는 사음(寫音) 했을 경우 「위~〉우이~〉 으이~」가 된다고 간주할 수 있을 것이다.

그래서 흥겨운 분위기를 더욱 고조시켜 놀이 군중이 모두 함께 참여하여 즐기기 좋도록, 한 연(聯)이 끝날 때마다 중간에 합창의 후렴구를 넣은 노래인 것이다.

확실치는 않으나 이 노래는 근제(謹齊) 안축(安軸)이 충숙왕(忠肅王) 때 지은 것으로 보고 있으며, 자신의 고향 풍기에서 경치가 가장 아름다운 죽계를 중심 소재로 하여 경기체가 형식을 빌어 읊은 5연의 가요이다.

竹溪 在順興府 距豊基郡二十三里…順興安氏世居竹溪之上 竹溪之源 出於太白山 豊基姓氏 順興安 申 李 尹 石…豊基人物安軸 忠肅王十一年 中元朝制科.(죽계 재순흥부 거풍기군이십삼리…순흥안씨세거 죽계지상 죽계지원 출어태백산 풍기성씨 순흥안 신 이 윤 석…풍기인물안축 충숙왕십일년 중원조제과)

— 『여지승람 25권 · 풍기(輿地勝覽 25卷 · 豊基)』

죽계는 순흥에 있으며 풍기로부터 약 9km 거리에 있다.… 죽계의 상류에는 순흥 안씨들이 대대로 살아 왔으며 죽계는 태백산에서 발원하였다. 풍기 사람들의 성씨는 풍기 안씨(를 비롯하여)와 신씨, 이씨, 윤씨, 석씨 등이다. … 풍기 사람 안축은 충숙왕 11년 중원조에 원나라 제과에 급제하였다.

그리고 위의 사실에 연이어서 안축이 상주 목사 시절, 순령(順寧)에 있는 어머니에게 왕래하며 극진하게 효도를 다했음을 밝히고 있다.

竹嶺南 詠嘉北 小白山前 (죽령남 영가북 소백산전 죽령남)
竹嶺南 詠嘉北 小白山前 (죽령은 남쪽에, 안동은 북쪽에, 소백산 앞에)

千載興亡 一樣風流 順政城裏 (천재흥망 일양풍류 순정성리)
千載興亡 一樣風流 順政城裏 (천년의 흥망에도 정취가 한결 같은 순흥 땅에다)

他代無隱 翠華峰 天子藏胎 (타대무은 취화봉 천자장태)
연대업는 翠華峰 天子藏胎 (달라진 데 없는 취화봉에 천자의 태가 묻혔네)

爲 釀作中興景 幾何如 (위 양작중흥경 기하여)
위 釀作中興ㅅ景 긔엇더하니잇고 (으이! 이 고을 다시 일으킨 것, 그 어찌 생각하는가?)

淸風杜閣 兩國頭銜 (청풍두각 양국두함)
淸風杜閣 兩國頭銜 (청렴결백하게 두 나라에 벼슬했네.)

爲 山水高景 幾何如 (위 산수고경 기하여)
위 山水高ㅅ景 긔엇더하니잇고 (으이! 산수가 빼어난 경치 그 어찌 생각하는가?)

宿水樓 福田臺 僧林亭子 (숙수루 복전대 승림정자)
宿水樓 福田臺 僧林亭子 (숙수사의 누각 복전사의 누대 승림사의 정자)

草庵洞 郁錦溪 聚遠樓上 (초암동 욱금계 취원루상)
草庵洞 郁錦溪 聚遠樓上 (초암동 욱금계 취원루 위에서)

半醉半醒 紅白花開 山雨裏良 (반취반성 홍백화개 산우리량)
半醉半醒 紅白花開 山雨裏예 (술은 깬듯 만듯하고 울긋불긋 꽃은 피는데 산에는 비가 오네)
爲 遊興景 幾何如 (위 유흥경 기하여)
위 遊興ㅅ景 긔엇더하니잇고 (으이! 흥겹게 노는 모습 그 어찌 생각하는가?)

高陽酒徒 珠履三千 (고양주도 주이삼천)
高陽酒徒 珠履三千 (풍류놀이 술꾼들 무리진 신선들)

爲 携手相遊景 幾何如 (위 휴수상유경 기하여)
위 携手相遊ㅅ景 긔엇더하니잇고 (으이! 손에 손잡고 노는 모습 그 즐거움 어찌 생각하는가?)

綵風飛 玉龍盤 碧山松麓 (채풍비 옥룡반 벽산송록)
綵風飛 玉龍盤 碧山松麓 (눈부시게 나는 봉황, 옥룡의 용틀임, 푸른 산 속 소나무 숲.)

低筆峰 硯墨池 齊隱鄕校 (저필봉 연묵지 제은향교)
低筆峰 硯墨池 가즌鄕校 (저필봉 연묵지, 모든 것을 갖춘 향교)

心趣六經 忘窮千古 夫子門徒 (심취육경 망궁천고 부자문도)
心趣六經 忘窮千古 夫子門徒 (육경에 마음 둔 채, 끝없는 세월 흘러, 아득한 옛 스승(공자)의 제자라)
爲 春誦夏絃景 幾何如 (위 춘송하현경 기하여)
위 春誦夏絃ㅅ景 긔엇더하니잇고 (으이! 봄에 글 읽고 여름에 거문고 타니 그 운치 어찌 생각하는가?)
年年三月 長程路良 (연년삼월 장정로량)
年年三月 長程路애 (매년 3월이면 머나먼 길에)

爲 呵喝迎新景 幾何如 (위 가갈영신경 기하여)
위 呵喝迎新ㅅ景 긔엇더하니잇고 (으이! 시글버글 새 벗 맞는 모습 그 어찌 생각하는가?)

楚山曉 小雲英 山苑佳節 (초산효 소운영 산원가절)
楚山曉 小雲英 山苑佳節(초산효와 소운영이 온 산에 흐드러진 가절에)

花爛熳 爲君開 柳陰谷 (화란만 위군개 류음곡)
花爛熳 爲君開 柳陰谷애 (임군을 위해 꽃이 활짝 피어난 류음곡에)

忙待重來 獨倚欄干 新聲鶯裏 (망대중래 독의난간 신성앵리)
忙待重來 獨倚欄干 新聲鶯裏 (다시 부를 날 조급히 기다리며 홀로 난간에 기대니 새삼스러운 앵무새 노래에)

爲 一朶紅雲垂未絶 (위 일타홍운수미절)
위 一朶紅雲垂未絶 (으이! 한 조각 붉게 물든 구름 드리워져 끝없이 흐르는데)

天生絶艶 小紅時 (천생절염 소홍시)
天生絶艶 小紅時에 (타고난 미인을 젊은 시절에)

爲 千里相思又奈何 (위 천리상사우나하)
위 千里相思 또 엇디하리잇고 (으이! 멀리서 그리워함 또한 어찌 생각하는가?)

紅杏紛紛 芳草萋萋 樽前永日 (홍행분분 방초처처 준전영일)
紅杏紛紛 芳草萋萋 樽前永日 (울긋불긋 살구꽃 흩날리고 방초 우거지니 술통 앞에서 길고 긴 날을 보내나니)
綠樹陰陰 畵閣沉沉 琴上薰風 (녹수음음 화각침침 금상훈풍)
綠樹陰陰 畵閣沉沉 琴上薰風 (푸른 숲 짙은 그늘이 그림 같은 누각에 드리우고 거문고를 스치는 바람은 향기롭도다)
黃菊丹楓 錦繡春山 鴻飛後良 (황국단풍 금수춘산 홍비후량)
黃菊丹楓 錦繡春山 鴻飛後에 (황국 단풍이 비단 수를 놓은 듯 아름다운 온산에 기러기 날아간 뒤에)
爲 雪月交光景 幾何如 (위 설월교광경 기하여)
위 雪月交光ㅅ景 긔엇더하니잇고 (으이! 흰 눈 위에 비치는 달빛 그 경치 어찌 생각하는가?)
中興聖代 長樂太平 (중흥성대 장락태평)
中興聖代 長樂太平 (중흥성대에 오래도록 즐겁게 평화를 누리며)

爲 四季游是沙伊多 (위 사계유시사이다)
위 四季노니사이다 (으이! 사계절 내내 놀고 지고)

— 안 축

이 노래는 작자가 자신의 고향에 대한 강한 자부심을 가지고 지은 작품이다.

서사에 해당되는 제 1연에 죽령과 소백산 같은 명소와의 거리 관계를 나타냄으로써 순흥의 위치를 보다 정확하고 상세히 소개하였다.

나라의 흥망이 반복되는 혼돈 속에서도 전혀 옛 모습을 잃지 않는 순흥의 소백산(小白山) 일대의 경원봉(慶元峰)에는 충숙왕, 초암동(草菴洞)에는 충렬왕, 욱금동(郁錦洞)에는 충목왕의 태(胎)가 묻혀 있는 그야말로 고려조 역대 천자들의 안태〔安胎 : 왕릉의 개념으로 해석한 경우도 있으나 .....경원봉. 재소백산, 거군북이십이리, 장고려충숙왕태.(慶元峰. 在小白山,距郡北二十二里, 藏高麗忠肅王胎)라는 기록에 의하면 왕릉으로 볼 수 없다.〕 장소로 손색이 없어 풍수 지리적으로 빼어난 고장이라고 자랑스러워하고 있다. 이런 고장이므로 술을 빚어 마시며 즐길 가치가 있을 만큼 수려한 경치라고 읊는 것이다.

제 2연은 아름다운 누각에서 얼큰히 취해서 놀 때 울긋불긋 꽃이 피어 만개한 산자락에는 촉촉히 비가 내리고 풍류놀이에 세월이 빠름을 모르는 수많은 놀이패들이 손에 손을 마주잡고 덩실덩실 춤을 추니 신선이나 다름 없다.

여기에서 숙수루는 숙수사(宿水寺)의 누대를 말하는데, 사방을 조망하기에 가장 좋은 곳으로 그 위에 오른 시객들의 눈을 놀라게 한다.

그 놀라움은 풍류를 통한 동적인 놀이 형태로 나타나기도 하고 때로는 노여(魯璵)의 시 「숙수루(宿水樓)」에서처럼 가슴으로 느껴오는 감격을 매우 조용하게 정적인 형태로 수용하여 풍류장의 시흥으로 넘쳐나 꽃피기도 한다.

輕裝短帽一尋幽 蘭院依然十載遊 (경장단모일심유 난원의연십재유)
壁價幾年詩共重 寺名千古水同流 (벽가기년시공중 사명천고수동류)
寒堆岳色僧扃戶 冷踏溪聲客上樓 (한퇴악색승경호 냉답계성객상류)
長嘯徘徊日云暮 倚欄回首起鄉愁 (장소배회일운모 의란회수기향수)

가볍게 차려입고 단 한번에 찾아오니 난초는 여전히 나를 반기네
절벽에 새긴 싯귀 누구나 읊고 절 이름 물 흐르듯 영원하여라
스산한 산바람에 중은 문 닫아 걸고 차가운 계곡 따라 숙수루에 오르는 객
휘파람 불면서 거니는 석양 무렵, 난간에 기대어 바라보는 곳엔 향수가 이네.

제 3연은 산천경개가 글을 읽고 짓기 위해 문방사우인 지필묵연(紙筆墨硯) 등을 완벽히 갖춘 향교와 같아 오래 전부터 육경〔六經 : 중국의 6가지 경서로 역경(易經) · 시경(詩經) · 서경(書經) · 춘추(春秋) · 주례(周禮) · 예기(禮記)를 말함〕 공부에 대하여 뜻을 함께 해 온 옛 스승과 제자가 모여 온다고 했다. 기후가 따뜻하여 글읽기에 가장 좋은 봄이 되면 육경을 열심히 공부하고 더위에 시달리는 한 여름에는 휴가를 내어 거문고를 타고 노는 즐거움이 어떠하겠느냐고 묻는다.

봄날 고요한 숲 속에서 독서하는 즐거움을 읊은 원택(元澤)의 시가 있다.

水邊山映碧紗窓 (수변산영벽사창)

松下圖書滿石牀 (송하도서만석상)
外客不來春正靜 (외객불래춘정정)
花間啼鳥送斜陽 (화간체조송사양)

물위에 산이 잠기니 사창이 푸르고
소나무 아래 돌 책상엔 책이 쌓였네
글벗 오지 않는 봄날 진정 고요한데
꽃밭에 나는 새가 지는 해를 보고 우네.

제 4연은 마치 임금을 위해 온 힘을 기울여 가장 아름답게 온갖 색깔로 유음곡에 활짝 피어나 웃는 꽃처럼 작자는 나라에서 다시 부를 영광의 날을 위해 부지런히 준비하고 있다. 때때로 높은 난간에 올라 먼 곳에서 전해올 교지를 기다릴 때 들려오는 앵무새 소리가 마치 희소식인 양 반갑고 새삼스럽다고 말하면서 또 한편으로는 간절한 마음으로 왕명을 학수고대하고 있다. 그러면서 연군에 대한 작자의 충절을 마치 아름다운 연인을 멀리 두고 그리워하는 남녀의 절실한 사랑에 비유하여 재차 강조한다.

제 5연은 살구꽃잎 어지럽게 흩날려 떨어지면 녹음방초 우거지고 짙은 그늘이 누각에 그림처럼 드리우면 술잔을 기울이며 길고 긴 날을 소일할 때 거문고 스치는 바람 소리는 향기롭다 못해 감미로운 음악이 아니랴.

어느덧 황국이 피어나고 산에는 단풍이 비단 수를 놓아 불타오르는가 했더니 순식간에 기러기 나는 겨울이 되어 흰 눈 위에 달빛이 교차되는 설경이 아름답다.

나라가 다시 태평성대를 맞았으니 오래도록 평화를 누리며 순흥과 풍기에 걸쳐 있는 소백산 일대의 절경에 파묻혀 일년 내내 풍류를 즐기자는 것이다.

관동별곡(關東別曲)

송강 정철(鄭澈)의 「관동별곡(關東別曲)」과 제목은 같으나 이 노래는 고려 충숙왕 17년에 안축이 강원도 순무사 임무를 끝내고 돌아올 때 관동의 자연 경관에 감탄하여 읊은 8연의 한문어투의 경기체가로 작자 자신이 지은 근제집(謹齊集)에 「죽계별곡」과 함께 실려 있다.

海千里 山萬疊 關東別境 (해천리 산만첩 관동별경)
海千里 山萬疊 關東別境 (끝 없이 너른 바다 겹겹이 산에 싸인 관동의 절경은)

碧油幢 紅蓮幕 兵馬營主 (벽유당 홍연막 병마영주)
碧油幢 紅蓮幕 兵馬營主 (푸른 휘장에 붉은 장막 가운데 병마의 영주)

玉帶傾盖 黑槊紅旗 鳴沙路 (옥대경개 흑삭홍기 명사로)

玉帶傾蓋 黑槊紅旗 鳴沙路 (옥대 두르고 비스듬히 일산 받고 검은 창에 붉은 깃발 나부끼는 명사길)
爲 巡察景 幾何如 (위 순찰경 기하여)
위 巡察ㅅ景 긔엇더하니잇고 (으이! 순찰 도는 위풍 그 어찌 생각하는가?)

朔方民物 慕義起風 (삭방민물 모의기풍)
朔方民物 慕義起風 (이 곳 북쪽 지방 백성들 의로움을 좇는 풍속 일으키니)

爲 王化中興景 幾何如 (위 왕화중흥경 기하여)
위 王化中興ㅅ景 긔엇더하니잇고 (으이! 임금의 거룩한 덕으로 중흥되는 이 나라 그 얼마나 훌륭한가?)

鶴城東 元帥臺 穿島國島 (학성동 원수대 천도국도)
鶴城東 元帥臺 穿島國島 (안변 땅 동녘에 원수대와 천도섬, 국도섬은)

轉三山 移十洲 金鰲頂上 (전삼산 이십주 금오정상)
轉三山 移十洲 金鰲頂上 (세 산을 돌고 돌아 열 섬을 거쳐 온 금자라를 얹었네)

收紫霧 卷紅嵐 風恬浪靜 (수자무 권홍람 풍념랑정)
收紫霧 卷紅嵐 風恬浪靜 (짙은 안개 걷히고 아침 노을 사라진 고요한 바다)

爲 登望滄溟景 幾何如 (위 등망창명경 기하여)
위 登望滄溟ㅅ景 긔엇더하니잇고 (으이! 높이 올라 푸른 바다를 보는 광경 그 어찌 생각하는가?)
桂棹蘭舟 紅粉歌吹 (계도난주 홍분가취)
桂棹蘭舟 紅粉歌吹 (계수나무 돛을 단 화려한 놀잇배에 고운 기생들의 노랫소리)
爲 歷訪景 幾何如 (위 역방경 기하여)
위 歷訪ㅅ景 긔엇더하니잇고 (으이! 명승지를 돌아 보는 멋 그 어찌 생각하는가?)

叢石亭 金幱窟 奇巖怪石 (총석정 금란굴 기암괴석)
叢石亭 金幱窟 奇巖怪石 (총석정, 금란굴에 기암괴석)

顚倒岩 四仙峰 蒼苔古碣 (전도암 사선봉 창태고갈)
顚倒岩 四仙峰 蒼苔古碣 (전도암, 사선봉은 이끼 푸른 옛 빗돌)

我也足 石岩回 殊形異狀 (아야족 석암회 수형이상)
我也足 돌바회 殊形異狀 (아야차! 돌 바위는 이상도 하구나)

爲 四海天下 無豆舍叱多 (위 사해천하 무두사질다)
위 四海天下 업두샷다 (으이! 이 세상 어디에도 없는 절승이로다)

玉簪珠履 三千徒客 (옥잠주리 삼천도객)
玉簪珠履 三千徒客 (옥비녀 구슬 신발로 차린 귀한 손님들)

爲 又來悉 何奴日是古 (위 우래실 하노일시고)

위 ㅅ도 오다 하노니잇고 (으이! 또 다시 찾는다 하였습디까?)
三日浦 四仙亭 奇觀異跡 (삼일포 사선정 기관이적)
三日浦 四仙亭 奇觀異跡 (삼일포, 사선정은 장관중에 뛰어난 기적이요)

彌勒堂 安詳渚 三十六峰 (미륵당 안상저 삼십육봉)
彌勒堂 安詳渚 三十六峰 (미륵당, 안상저, 서른 여섯 봉우리)

夜深深 波瀲瀲 松梢片月 (야심심 파염염 송초편월)
夜深深 波瀲瀲 松梢片月 (밤은 깊어 파도는 잠자는데 솔가지에 걸린 조각 달)

爲 古溫貌 我隱伊西爲乎伊多 (위 고온모 아은이서위호이다)
위 고온 양재 난이슷하요이다 (으이! 그 고운 모양 내 모습과 비슷해라)

述郎徒矣 六字丹書 (술랑도의 육자단서)
述郎徒애 六字丹書 (술랑이 바위에 새긴 붉은색 여섯 글자는)

爲 萬古千秋 尙分明 (위 만고천추 상분명)
위 萬古千秋에 尙分明 하요이다 (으이! 오랜 세월에도 또렷하구나)

仙遊潭 永郎湖 神淸洞裏 (선유담 영랑호 신청동이)
仙遊潭 永郎湖 神淸洞裏 (선유담, 영랑호, 신청동은)

緣荷州 靑瑤嶂 風煙十里 (연하주 청요장 풍연십리)

緣荷州 靑瑤嶂 風煙十里 (모래톱에 연꽃 피는 마을인데 푸른 산자락에 안개는 십리에 걸쳐 있네)

香冉冉 翠森森 琉璃水面 (향염염 취삼삼 유리수면)
香冉冉 翠森森 琉璃水面 (향긋한 바람, 쪽빛 짙은 고요한 수면 위에)

爲 泛舟景 幾何如 (위 범주경 기하여)
위 泛舟ㅅ景 긔엇더하니잇고 (으이! 배 젓는 정취 그 어찌 생각하는가?)

蓴羹鱸膾 銀絲雪縷 (순갱노회 은사설루)
蓴羹鱸膾 銀絲雪縷 (순채국에 농어회, 은실처럼 희고 가늘게 저몄으니)

爲 羊酪豈勿參爲古里 (위 양락개물삼위고리)
위 羊酪 긔므슴하고리 (으이! 양젖인들 이 맛 보다 더 좋으랴)

雪嶽東 洛山西 襄陽風景 (설악동 낙산서 양양풍경)
雪嶽東 洛山西 襄陽風景 (설악산을 동쪽에, 낙산사를 서쪽에 둔 양양의 경치)

降仙亭 祥雲亭 南北相望 (강선정 상운정 남북상망)
降仙亭 祥雲亭 南北相望 (강선정과 상운정은 남북에서 마주 보는데)

琦紫峰 駕紅鷰 佳麗神仙 (기자봉 가홍연 가려신선)
琦紫峰 駕紅鷰 佳麗神仙 (기자봉에 붉은 수레 타고 하늘에서 제비처럼 내려 오는 신선인 양 아름다운 사람들)

爲 爭弄珠絃景 幾何如 (위 쟁롱주현경 기하여)
위 爭弄珠絃ㅅ景 긔엇더하니잇고 (으이! 다투듯 주현을 희롱하며 뜯는 모습 그 어찌 생각하는가?)
高陽酒徒 習家池館 (고양주도 습가지관)
高陽酒徒 習家池館 (풍류놀이 술꾼들 습욱의 지관처럼 빼어난 절경에서)

爲 四節遊伊沙伊多 (위 사절유이사이다)
위 四節 노니사이다 (으이! 사시사철 놀고지고)

三韓禮義 千古風流 臨瀛古邑 (삼한예의 천고풍류 임영고읍)
三韓禮義 千古風流 臨瀛古邑 (삼한의 예절과 옛 풍류 여전한 옛고을, 강릉에는)

鏡浦臺 寒松亭 明月淸風 (경포대 한송정 명월청풍)
鏡浦臺 寒松亭 明月淸風 (경포대, 한송정에 달 밝고 바람은 맑은데)

海棠路 菡萏池 春秋佳節 (해당로 함담지 춘추가절)
海棠路 菡萏池 春秋佳節 (해당화 길, 연꽃 핀 연못에는 봄가을 아름다운 계절이 되면)

爲 遊賞景 幾何如爲尼伊古 (위 유상경 기하여위니이고)
위 遊賞ㅅ景 긔엇더하니잇고 (으이! 노닐며 즐기는 광경 그 멋 어찌 생각하는가?)

燈明樓上五更鍾後(등명루상오경종후)

燈明樓上五更鍾後(등불 밝힌 누각에 아침노을 걷히고)

爲 日出景幾何如(위일출경기하여)
위 日出ㅅ景 긔어떠하니잇고(으이! 해돋는 장관 그 어찌 생각하는가?)

五十川竹西樓西村八景(오십천죽서루서촌팔경)
五十川竹西樓西村八景(오십천, 죽서루, 서촌 팔경)

翠雲樓越松亭十里靑松(취운루월송정십리청송)
翠雲樓越松亭十里靑松(취운루, 월송정, 십리의 푸른 솔밭에)

吹玉篴弄瑤琴淸歌緩舞(위옥적농요금청가완무)
吹玉篴弄瑤琴淸歌緩舞(옥 피리 불고, 가야금 타며, 아름다운 노래에 우아한 춤추며)

爲 迎送佳賓景何如(위영송가빈경하여)
위 迎送佳賓ㅅ景 떠하니잇고(으이! 귀한 손님 맞고 보내는 마음 어찌 생각하는가?)

望槎亭上 滄波萬里 (망사정상 창파만리)
望槎亭上 滄波萬里 (망사정에 올라 푸른 바다 바라보니)
爲 鷗伊鳥 藩甲豆斜羅 (위 구이오 반갑두사라)
위 갈며기새 반갑두새라 (으이! 갈매기도 반가워라)

江十里 壁千層 屛圍鏡澈 (강십리 벽천층 병위경철)
江十里 壁千層 屛圍鏡澈 (강은 십리를 흘러 수천 층 절벽을 거울같이 맑은 물로 감싸 안네)
倚風岩 臨水穴 飛龍頂上 (기풍암 임수혈 비룡정상)
倚風岩 臨水穴 飛龍頂上 (기풍암 거쳐 수혈을 지나 비룡산 정상에 서니)

傾綠蟻 聳氷峰 六月淸風 (경록의 용빙봉 유월청풍)
傾綠蟻 聳氷峰 六月淸風 (동동주 술잔 기울일 때, 용빙봉서 불어오는 유월의 맑은 바람에)
爲 避暑景 幾何如 (위 피서경 기하여)
위 避暑ㅅ景 긔엇더하니잇고 (으이! 피서하는 광경 그 어찌 생각하는가?)

朱陣家世 武陵風物 (주진가세 무릉풍물)
朱陣家世 武陵風物 (주씨와 진씨 가문, 무릉의 풍물을 후손에게 전했 듯이)

爲 傳子傳孫景 幾何如 (위 전자전손경 기하여)
위 傳子傳孫ㅅ景 그엇더하니잇고 (으이! 이 좋은 걸 후손에 전하는 일 그 어찌 생각하는가?)

— 안 축

노래의 짜임은 전체 8연 48행의 장시(長詩). 관동 땅 주요 절경에 팔경을 부분적으로 포함시켜 매우 정교하게 자연 경관을 감상하며 읊었다.

제 1연은 서사(序詞)로써 관할 지역인 관동 땅을 순찰하는 관리의 위풍은 물론이려니와 부수적으로 절경 유람까지 겸할 수 있는 즐거움과 관하의 백성들이 미풍양속을 지키며 의롭고 순박한데다 국운이 중흥하는 호시절을 읊은 대목이다.

제 2연은 학성동〔안변(安邊)〕의 여러 섬이 짙은 안개 벗어버리고 나오는 경관을 이른 아침에 높은 곳에 올라 조망할 때, 마침내 화려한 유람선에서 흘러나오는 어여쁜 기생들의 노래 소리를 들으며 명승지를 유람하는 즐거움에 대해 말하고 있다.

제 3연은 총석정〔통천(通川)〕의 기암괴석들이 보여주는 여러 가지 형태는 이 세상 어디에도 없는 절경으로 귀한 유람객이 모여 오리란 기대를 갖게 한다.

제 4연은 삼일포〔고성(高城)〕의 경치는 기적이 아니면 생겨나기 어려운 장관으로 특히 파도가 잠든 깊은 밤 소나무 가지에 걸린 조각달은 내 모습 같다고 말한다. 작자 안축은 왜 조각달을 동경하고 닮기를 바라는가?

작자의 숨은 뜻에 접근하기 위해서는 조각달이 선조들의 의식 속에 도대체 무엇을 의미하고 있었는가에 대한 유래를 우리 고유의 역사적 설화에서 찾아볼 필요가 있다.

백제말기 의자왕(義慈王) 시대에 수없이 많은 요괴가 나타나 온 나라를 뒤숭숭하게 만들었는데 그 가운데 한 귀신은 궁궐에 들어와 「백제는 망한다.」고 외치더니 땅 속으로 꺼져 들어갔다. 왕이 명하여 그 자리를 파보니 약 1m 깊이에서 거북 한 마리가 나왔는데 다음과 같은 글이 써 있었다.

「백제원월륜(百濟圓月輪) 신라여신월(新羅如新月)」이란 여덟 글자였다.

너무 괴이하여 무당을 불러다 점을 쳐보니 「백제는 둥근 달무리요 신라는 새로 떠오르는 초승달이라…… 달무리가 둥글다는 것은 만월(滿月)을 말함이니 가득 찰 대로 찬 달은 앞으로 이지러질 차례만 남아 있다는 뜻이요, 새로 떠오르는 초승달은 장차 만월이 될 때까지 가득 차게 될 것이란 점괘라.」고 아뢰었다.

이 말을 듣고 불길하게 점괘를 풀었다하여 진노한 의자왕은 점쟁이를 처형시켰다.

그런 일 이후에 한 사람이 나타나 왕에게 이르기를「달무리가 둥글다는 것은 번성한다는 것이니 백제는 흥할 것이며, 초승달과 같다함은 빈약하고 부족함이 많아 차츰 쇠퇴할 것임을 암시함이니 결국 신라는 머지않아 망하고 백제는 흥하게 된다.」고 하였다. 이 말을 듣고 매우 흡족해진 왕은 비로소 마음을 편히 놓게 되었다.

이 즈음 의자왕의 기분과 관계 없이 신라 태종〔太宗 : 무열왕(武烈王)〕은 백제에서 괴변이 많고 기강이 이완되었다는 정보에 따라 김유신 장군으로 하여금 총공세를 취할 최적의 기회로 삼게 되었다.

이 전쟁의 결말은 대국적으로 볼 때 삼국통일이라는 역사적 큰 위업을 이룩하였으나 의자왕에 의해 사형 당한 점쟁이의 예언대로 백제는「둥근 달무리 가운데 만월」의 운명으로 말미암아「새롭게 떠오르는 초승달」의 길조에 부합되는 신라의 국운 앞에 여지없이 무너지고 만다.

이처럼 오랜 역사적인 설화로부터 조각달의 이미지는 우리 조상들의 심층 저변에 만사형통의 조짐으로 잠재돼 왔음이 분명하다.

이 노래의 작자 안축 자신이 조각달의 모습이기를 바라는 의미를 담고 지은 글로 본다면 무엇보다 자신의 장래가 희망적이고 안일무사하기를 간구하는 뜻으로 볼 수 있다. 술랑은 신라의 화랑도로서 남랑, 영랑, 안상과 더불어 사선도의 한 사람이었다. 그 일행이 삼일포에 왔다가 선경같이 아름다운 경치에 취해 노느라 삼일 동안 돌아가지 않았다하여 그로부터 이 곳을 삼일포라 이름하게 되었다. 그때 술랑은 남쪽 방향으로 작은 산봉우리에 석감(石龕 : 돌탑)이 있고 그 봉우리 북쪽 방향으로 절벽 바위 면에「술 · 랑 · 도 · 남 · 석 · 행(述郎徒南石行 : 술랑의 일행은 남석으로 떠나갔다)」이라고 붉은 색으로 여섯 글자〔육자단서(六字丹書)〕를 쓰고 떠난 때가 이미 천년이라고 말할 만큼 오랜 세월이 흘렀는데도 여전히 또렷한 글씨체를 유지하고 있는 것처럼 자신의 장래 또한 영원하기를 그 무엇으로부터 확실히 보장받고 싶어하는 심리를 잘 드러낸 부분이다.

제 5연은 연꽃 피는 영랑호 모래톱을 끼고 푸른 산자락에 안개를 걸친 아름다운 마을에 바람이 향긋하고 놀잇배 띄워 놓고 시원한 순채국에 싱싱한 농어회는 천하에 일미라고 감탄한다.

제 6연은 설악산과 낙산사〔양양(襄襄)〕일대의 경치는 마치 신선들이 아름다운 음악을 연주하며 하늘에서 내려오는 듯한 선경인데 놀이하는 술꾼들도 신선처럼 사시장천 놀아 보라고 말한다.

제 7연에서는 임영〔강릉(江陵)〕의 밝은 달 맑은 바람 부는 야경과 해당화, 연꽃은 봄가을을 한결 더 아름다운 계절로 만든다고 감탄한다. 경포대 한송정에 휘영청 밝은 가을달은 보통 달이 아니라 옛부터 우리 조상들의 마음을 휘어잡는 마력의 달이며 남녀간의 간절한 사랑을 더욱 짜릿하고 애틋하게 연출시켜 주는 로맨틱한 명승의 달로 유명하다.

고려 광종조 때 중국어에 능통하며 벼슬이 호부상서였던 장연우〔張延祐 또는 고려사 · 악지에는 장진공(張晉公)〕가 중국 강남에 봉사(奉使)차 가게 되었다. 그 곳 물가에 거문고 하나가 표착했는데 밑바닥에 노래가 적혀 있으나 누구도 해독하지 못했다며 장진공에 묻자 다음과 같이 해석하였는데 그 글은 경포대에서 보는 가을달의 아름다운 정취를 노래한「한송정곡(寒松亭曲)」이라고 한다.

月白寒松夜 (월백한송야)
波安鏡浦秋 (파안경포추)
哀鳴來又去 (애명래우거)
有信一沙鷗 (유신일사구)

달 밝은 한송정에
잔물결 타고 오는 경포의 가을
갈매기는 슬피 울며 오고가건만
한번 더 님의 소식 믿어 보리라.

그런데 이 오언절구 한시는 홍장이 지었다는 옛 시조 「한송정(寒松亭) 달 밝은 밤에」와 거의 비슷하여 우연의 일치인지 아니면 두 작품 가운데 어느 것이 노래의 원형이고 어느 것이 모작인지 자세히 알 수 없다.

한송정(寒松亭) 달 밝은 밤의 경포대(鏡浦臺)에 믌결잔제
유신(有信)한 백구(白鷗)는 오락가락 하것만은
엇덧타 우리의 왕손(王孫)은 가고 안이 오는이.

한송정에 달이 밝고 경포대 물결은 잔잔한 때에
믿음성 있는 갈매기는 오고가고 하건 마는
어찌하여 왕손(홍장고사에 나오는 홍장의 애인 박신?)은 다시 아니 오는가.

제 8연은 정선(旌善)의 기암절벽을 감상하며 동동주를 마시고 얼음같이 차가운 바람을 맞으며 6월의 무더위를 잊는 피서 풍습이 너무 좋아 자손만대에 전하기를 바라는 것이다.

우리 선조들은 아름다운 자연을 시각적으로 즐길 뿐 아니라, 먹고 마시는 음식 맛을 통해 미각적으로 감상하며 자연과 혼연일체 되는 멋진 삶을 살았다. 그것은 아름다운 경치가 술잔에 잠길 때 술과 함께 타서 마셔도 좋다는 것이다. 계절 따라 자연에서 생산되는 과채에 묻어온 향미를 살려 만든 시식(時食)을 먹으며 사방에서 불어오는 맑고 깨끗한 바람에 시심을 실어 풍월을 즐기는 놀이는 우리 고유의 풍월 문화의 전형이라 할 수 있다.

이미 한시「무어별」에서 밝힌 바와 같이 조선조 선조(宣祖) 때 유명했던 문인 임제(林悌)는 나주 사람으로 시풍이 호방하고 쾌활하였다. 그가 호남 지방을 유람할 때 남루한 옷차림으로 고을 문사들이 글짓는 자리를 찾아가 구걸하였다. 선비들은 글짓기에 여념이 없어 거들떠 보지도 않고 귀찮다는 듯이 대답했다.

「우리는 지금 풍월을 읊기에 열중인데 거지 주제에 감히 여기가 어디라고 와서 혼란스럽게 구느냐?」

임제가 풍월이 도대체 무어냐고 묻자 가소롭다는 말투로 퉁명스럽게 설명해 주고 글에 대해 뭘 좀 아느냐고 선비들은 반문하였다.

「어찌 소인이 그 어려운 풍월을 알겠습니까마는 그저 입으로 주워섬겨도 되는 것이라면 한번 지어 보겠습니다.」

「그래? 그럼 입으로 지껄여 보아라, 우리가 글로 만들어 보겠다.」

鼎冠撑石小溪邊 (정관탱석소계변)
白粉淸油煮杜鵑 (백분청유자두견)
雙箸挾來香滿口 (쌍저협래향만구)
一年春色腹中傳 (일년춘색복중전)

작은 시냇가에 돌을 고여 소댕 걸고

밀가루 참기름에 진달래 전 부쳐서
한 젓가락 집어드니 입안 가득 향기로워
올 봄의 경치가 뱃속까지 전해 오네.

풍월의 흐름이 예사롭지 않자, 어느덧 좌중의 선비들은 말을 잃고 서로 얼굴을 쳐다보며 불안한 듯 신분을 채근하여 물었다.

「하하하…… 나는 보잘 것 없는 떠돌이요. 그저 백호(白湖) 임제라고 불러 주시오.」

선비들이 그의 관직과 명성을 모를 까닭이 없는지라 크게 놀라 어리둥절해진 그들에 의해 상좌로 정중히 안내될 수 밖에 없었다. 임제의 벼슬이 예조정랑에 올랐을 때 동인과 서인이 갈라져 싸우기 시작하였다. 분당의 시국을 한탄하며 벼슬보다 명산대천을 찾아 자연을 사랑하고 즐기며 시문에 취해 여생을 보냈다.

예나 지금이나 자연은 인간의 시심을 자극하여 결국 자연의 아름다움을 노래하므로써 자연은 곧 시가 되고 시는 곧 자연의 노래가 돼 왔다.

그래서 자연을 노래한 시가 가운데 「관동별곡」은 앞서 살펴본 바와 같이 지금의 경북 영주시 순흥 · 풍기를 중심으로 소백산 일대의 경관을 노래한 「죽계별곡」과 함께 임금의 성덕으로 중흥기를 맞아 강원도 절경을 두루 유람하는 한 관리, 안축의 여유 자적한 낭만과 행복이 마치 애송하고 감상하는 이의 것인 양 착각을 일으키게 하는 뛰어난 작품이다.

찾아보기

ㅇ

재미있게 풀어 쓴 고전시가 문학

초판인쇄 · 1999년 4월 5일
초판발행 · 1999년 4월 15일

엮은이 · 박광정
펴낸이 · 최정헌
펴낸곳 · 좋은날
주소 · 서울시 서대문구 충정로 3가 8-5호 동아 아트 1층
전화번호 · 392-2588~9
팩시밀리 · 313-0104

등록일자 · 1995년 12월 9일
등록번호 · 제 13-444호

값은 표지 뒷면에 있습니다.
ISBN 89-86894-54-8 03800
*잘못된 책은 바꿔 드립니다.